Längsschnitt.
1/50

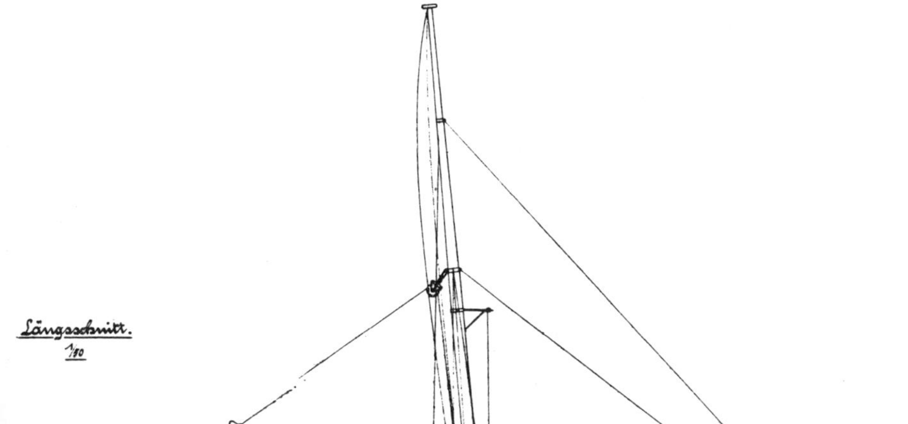

Gerdau
ALBATROS – Rettung über See

*Dieses Buch ist
allen Seeleuten gewidmet,
die bei der Aktion »Rettung über See«
ihr Leben einsetzten.*

Kurt Gerdau

ALBATROS
Rettung über See

*115 Tage
bis zum Frieden*

KOEHLERS VERLAGSGESELLSCHAFT MBH · HERFORD

CIP-Kurztitelaufnahme der Deutschen Bibliothek
Gerdau, Kurt:
Albatros – Rettung über See : 115 Tage bis zum
Frieden/Kurt Gerdau. – Herford : Koehler, 1984.
ISBN 3-7822-0338-0

ISBN 3 7822 0338 0; Warengruppe Nr. 63
© 1984 by Koehlers Verlagsgesellschaft mbH, Herford
Alle Rechte, insbesondere das der Übersetzung, vorbehalten
Schutzumschlaggestaltung: Ernst A. Eberhard, Bad Salzuflen,
unter Verwendung eines Gemäldes von Enno Kleinert, München
Produktion: Jörn Heese
Gesamtherstellung: Brühlsche Universitätsdruckerei, Gießen
Printed in Germany

Inhaltsverzeichnis

Toter Hafen Königsberg 9
Im Schneesturm nach Gotenhafen 20
In der Hölle vor Saßnitz 28
Als Tender vor Swinemünde 45
Mit Schwerverwundeten nachts nach Stralsund 52
Schutz unter den Rohren der *Lützow* 58
Order für Kiel 69
Die Heimreise der *Albatros* 75
In Flensburg ist kein Plätzchen frei 89
Hafenkonzert aus Damp 2000 100
Eine Idee nimmt Gestalt an 107
Die »Pommersche Zeitung« trommelt 109
Das Kuratorium macht Dampf auf 111
Dem Vergessen entrissen 114
Die Förde-Reederei in Flensburg 117
Die Wiege der *Albatros* stand in Papenburg 120
Der Schiffbaukontrakt 122
Daten der *Albatros* 125
Chronik der *Albatros* 127
Kollision in der Kieler Bucht 131
Glossar 132
Quellen 136

*»Bei einem gewissen Zusammentreffen
von Umständen
tritt unfehlbar Furcht ein.
Ganz elende Angst.
Und selbst diejenigen,
die an diese Wahrheit nicht glauben,
haben trotzdem Furcht –
Furcht vor sich selbst.«*

                        Josef Conrad (Lord Jim)

Toter Hafen Königsberg

Ein klarer Wintertag mit Sonnenschein und grimmiger Kälte neigte sich am 25. Januar 1945 dem Ende zu. Auf der spiegelglatten Pillauer Chaussee kamen Menschen, Pferde und kettenlose Fahrzeuge der Wehrmacht nur mühsam vorwärts. Der leichte Ostwind wehte den Pulverschnee von den Straßen, von der Pier. Besorgt beobachteten die Kapitäne und Offiziere der vier an der ehemaligen Anlage des »Seedienstes Ostpreußen« liegenden Wohnschiffe der Kriegsmarine den blanken Himmel über dem Haff, befürchteten noch vor dem Ablegen einen Angriff russischer Schlachtflieger. Doch sie tauchten nicht über der alten Festungsstadt auf. Untätig mußten die Piloten auf ihren nach Ostpreußen vorgezogenen Feldflugplätzen auf besseres Flugwetter warten, denn allein Pillau lag in einem Sonnenloch.

Die U-Boot-Männer der Lehrdivisionen befanden sich mit ihren Schulbooten bereits auf dem Seeweg nach Westen. Ihre Kojen in den gemütlichen Kabinen auf den umfunktionierten Passagierschiffen standen nur vorübergehend leer. Seit der Freigabe der Dampfer durch Großadmiral Dönitz drängten und schoben sich Marineangehörige und Flüchtlinge über die Gangways. Sie belegten die freigewordenen Logis und ließen sich schließlich in den großen, immer noch schmucken Salons nieder, glücklich, ein warmes, trockenes Plätzchen zum Ausruhen gefunden zu haben. Auf den Archen waren nicht alle möglichen Plätze belegt. Der Andrang der Menschen hielt sich in Grenzen, viele zögerten noch und wollten abwarten. Von Panik keine Spur.

Gegen 8.00 Uhr morgens traf endlich der Befehl von Admiral v. Friedeburg in Pillau ein, sofort die U-Boot-Lehrdivisionen mit ihren Wohnschiffen in die westliche Ostsee zu verlegen. Diese Order betraf in Pillau die *Ubena, Pretoria, Duala* und *Robert Ley,* auf der in dieser späten Abendstunde Kapitänleutnant Rudolf Hoffmann an der Reeling stand und nachdenklich einem kleinen unscheinbaren Dampfer nachsah, der mit mächtiger, dunkler Rauchwolke an ihnen vorbeilief. Sie hing wie eine Schleppe über dem schmalen Kielwasser. Der Fördedampfer *Albatros* mußte sich mächtig anstrengen, denn das teilweise stark zusammengetriebene Scholleneis bot erheblichen Widerstand. Seit 1943 fuhr er in Charter der neu geschaffenen Dienststelle »Bevollmächtigter für die Torpedo-Luftwaffe« in Gotenhafen-Hexengrund. Im marinegrauen Einheitsanstrich, aber schwarzem Rumpf, schleppte die *Albatros* eifrig Zielscheiben durch die Danziger Bucht, beförderte Personal von Hexengrund nach Gotenhafen und umgekehrt oder brachte einfach Ersatzteile und Ausrüstungsgegenstände von einem zum anderen Ufer. Seit 1944 befand sich auf der kurzen Back des Dampfers ein veraltetes Maschinengewehr. Ein paar Gewehre, gegen Saboteure gedacht, vervollständigten die Bewaffnung. Am Heck wehte ausgefranst die übliche Handelsflagge. Aus rein wirtschaftlichen Überlegungen heraus war es der Besatzung gelungen, eine mögliche Dienstverpflichtung zu vermeiden. Als Seeleute der Handelsmarine konnten sie im Gegensatz zu den Dienstverpflichteten die Vorteile der Deutschen Reichsbahn öfter als nur einmal im Jahr nutzen, und dieses Privileg verteidigten sie mit der Beharrlichkeit norddeutscher Küstenbewohner.

Kapitän Thorsten Rautell, ein Hüne von Gestalt mit gutturaler Stimme, kannte Pillau, die Einfahrt, den Hafen. Er vermißte die sonst neben den großen Wohnschiffen in Päckchen liegenden U-Boote. Dafür schwojten nun die Schlepper *Ernst* und *Skirwieht* längsseits der *Pretoria*. Rautell sah auch, daß die Wohnschiffe, an deren Bordwänden der Rost fraß, Dampf aufgemacht hatten. Sie wollten also demnächst den Hafen verlassen. Der Alte der *Albatros* verzichtete auf unnötige Worte. Oft genügte ein Blick, eine Handbewegung, um seine Vorstellungen in Anordnungen umzumünzen. Rautell, in Finnland geboren und aufgewachsen, sprach perfekt plattdeutsch, aber nur, wenn es sein mußte. Lediglich mit dem Schreiben deutschsprachiger Texte haperte es immer noch, obwohl er seit 1908 in Flensburg lebte. Er vermied nach Möglichkeit längere Berichte an die Reederei. Spötter meinten augenzwinkernd, Thorsten gehe so vorsichtig mit dem 1912 in Papenburg gebauten Dampfer um, um ja keine Havarietraktate abfassen zu müssen.

Eigentlich sollte die *Albatros* um diese Zeit schon in Königsberg sein, aber sie mußten länger als geplant in Hexengrund bleiben, weil der Matrose Rolf Bertram das Schiff verlassen hatte, ohne sich beim Steuer-

mann abzumelden. Es fehlten, soweit sich das in der Eile feststellen ließ, nur seine abgeschabte braune Aktentasche, sein Musterbuch und das Foto seiner polnischen Geliebten aus dem Spind. Auf die Frage des Alten, ob denn keiner der Kollegen etwas wisse, schlug sich plötzlich Jens Jensen mit der flachen Hand an die Stirn und sagte aufgeregt: »Klar doch. Als er hörte, daß wir nach Königsberg sollen, wurde er richtig blaß um die Nase. Der ist bestimmt achteraus gesegelt. Wetten?«
Das wollte Thorsten Rautell nicht glauben. Bertram, ein lustiger Typ, mit einer kessen Schnauze und viel Berliner Mutterwitz konnte die ganze Besatzung unterhalten, wenn ihm der Sinn danach stand. So ein junger forscher Kerl geht doch nicht gleich stiften, wenn es mulmig wird, dachte Rautell und nahm zu seinen Gunsten an, daß ihm an Land etwas zugestoßen sei. Die Zeiten, in denen deutsche Soldaten in Gotenhafen nachts unbehelligt durch einsame Straßen bummeln konnten, gehörten der Vergangenheit an. Selbst Zivilisten, sogar Seeleute mußten sich vorsehen. Der polnische Widerstand versteifte sich merklich. Wahrscheinlich zog sich der Abschied von seiner Geliebten hin, und dafür zeigte Rautell durchaus Verständnis. Als junger Kerl hatte er auch einmal absichtlich sein Schiff in Pernambuco verpaßt. Er hatte dann auf einem kleinen chilenischen Frachter angeheuert, in Samoa erneut den Kahn gewechselt und war schließlich in San Franzisko gelandet. Dort hatte er herumgegammelt und die Chance seines Lebens gesucht, bis er eine Suchanzeige seiner Eltern las. Zur Besinnung gekommen, packte er seinen Seesack und kehrte auf einem estnischen Segler heim.
Sie warteten so lange, bis sie einfach ablegen mußten, wollten sie nicht die Aufmerksamkeit ihrer Dienststelle auf sich lenken. Schließlich steckte in Rautells Joppentasche die schriftlich fixierte Order, rund 200 Luftwaffenhelferinnen aus Königsberg abzuholen und nach Stolpmünde zu bringen. Rautell machte sich um den abwesenden Berliner mehr Sorgen, als er zugab. Eigentlich hätte er den Vorfall umgehend melden müssen, aber er verschob die unangenehme Angelegenheit und hoffte, der junge Matrose werde sich noch einfinden. Schreiben konnte er schließlich immer noch.
An dieser Einstellung hielt Rautell auch noch fest, als sie in Pillau für kurze Zeit anlegten, die der Kapitän nutzte, um sich an Land über die jüngsten Ereignisse zu informieren. Im Kriegshafen löschten Frachter

Wehrmachtsgut und die *Haussa* Munition und Panzerfäuste, die mit Leichtern oder Schleppern an die Front gebracht werden sollten. Starke russische Panzerspitzen, hieß es, standen bereits am Frischen Haff, und in Elbing wehte die rote Fahne. Eine gesicherte durchgehende Front gab es im Osten nicht mehr. Alles, was Thorsten Rautell auf diesem kurzen Ausflug zu hören bekam, erschreckte ihn. Wenn er unbedingt nach Königsberg müsse, dann solle er sich sputen, empfahl ihm einer der übernächtigt wirkenden Offiziere auf der Hafenkommandantur, ohne mit der Wimper zu zucken. Rautell horchte erstaunt auf. Grenzte dieser freimütige Rat nicht schon an Defätismus? Er erkundigte sich, ob denn schon das U-Boot-Wohnschiff *General San Martin* Königsberg verlassen habe. Erstaunt sah der Marineoffizier auf, rieb sich das unrasierte Kinn und schüttelte nachdenklich den schmalen Kopf.

»Dann werden wir das auch schaffen«, brummte Rautell zuversichtlich, verabschiedete sich formlos und hastete zurück an Bord. Er hob nur die Hand, als er das Deck betrat, was für Steuermann Köster so viel hieß wie: wir legen sofort ab. Leinen los! Keine zehn Minuten später bog der kleine Dampfer in den Seekanal ein, der Pillau mit Königsberg verbindet. Es galt, die 33 Kilometer lange, enge Schiffahrtsstraße noch während der Dunkelheit hinter sich zu bringen. Wehe, wenn russische Tiefflieger die fast unbewaffnete *Albatros* im Kanal angreifen würden. Rautell brauchte seinen Leuten keine Schreckensbilder vorzumalen, um ihnen den Krieg zu erklären. Sie wußten auch so, was ihnen drohte.

Im Brückenhaus brummte die Dampfheizung. Rautell lehnte am Fenster und beobachtete die Leuchtfeuer, während der Steuermann das Ruder bediente. Obwohl sie auf engem Raum lebten, duzten sich die beiden Männer nicht. Für den jungen Steuermann Heinrich Köster, den alle Welt wie selbstverständlich nur Hein nannte, blieb Thorsten Rautell die ältere Respektsperson. Beide Nautiker kannten das Fahrwasser, und die Sorge, daß die Eisdecke im Seekanal für die *Albatros* zu fest sein könnte, erwies sich zum Glück als grundlos. Die glitzernden Sterne verschwanden nach und nach hinter tief fliegenden schwerlastigen Wolkenfeldern, und bald darauf begann es zu schneien.

Kurz nach Mitternacht bat Köster den Kapitän um Ablösung, weil er mal kurz austreten müsse. Im gleichen Augenblick rumste es mächtig. Eine heftige Explosion erschütterte die Luft. Beide Männer auf der

Brücke der *Albatros* dachten an die in Pillau liegenden Wohnschiffe, an die mit Munition beladenen Frachter. Doch die großen Pötte befanden sich bereits auf See und dampften im Geleit nach Westen, bis auf die *Ubena*, die keinen Anschluß gefunden hatte und es alleine versuchte.

Fort Stiehle mit 1000 dort lagernden Seeminen existierte nicht mehr, und keiner wird jemals erfahren, warum es in die Luft flog. Einige hundert in daneben stehenden winterfesten Baracken untergebrachte Ausländer starben und mit ihnen etwa 20 Deutsche. Über 2000 Pillauer irrten, plötzlich obdachlos geworden, in der Nacht umher, auf der Suche nach einem festen Dach, einem Kachelofen zum Aufwärmen. Das ausbrechende Feuer in den Trümmern von Fort Stiehle sahen nicht viele Pillauer und die beiden Männer auf der Brücke der *Albatros* auch nicht. Der dicht fallende Schnee webte einen weißen fließenden Vorhang, auf dem die farbigen Seitenlichter bunte Farbkleckse hinterließen.

Von Bord aus hätten die Männer auf der sich mühsam durch das dichte Eis kämpfenden *Albatros* auch bei guter Sicht keinen Blick auf die von Königsberg nach Pillau führende Chaussee gehabt, auf der sich eine end-

Seekarten-Ausschnitt von Pillau mit Einfahrt zum Seekanal

lose Flüchtlingskolonne schrittweise vorwärts bewegte, ankämpfend gegen den Schnee, die Kälte, die glatte Straße, die Müdigkeit, den Hunger. Allein die Angst trieb sie weiter, vor einer mordenden russischen Soldateska, die kleine Kinder aufspießte, Frauen und Mädchen schändete und ihnen die Leiber aufschlitzte, zurückgebliebene alte Männer in Jauchegruben ertränkte und Priester an die Türen ihrer Kirchen nagelte. Augenzeugen aus dem Osten und Süden des Landes hatten Grauenvolles berichtet. Die Vergeltung der Sieger war gnadenlos und blindwütig. Die Propaganda sprach nicht von Rache, und hätte sie es getan, die Angst wäre nicht geringer gewesen. Wer Halt machte, verlor den Anschluß, wer eine Pause einlegen mußte, gab auf. Die Menschen drängten zur Küste, zu den wenigen Häfen, nicht wissend, was sie dort erwartete.

Rautell, Köster, Asmussen und die anderen vier, jetzt nur noch drei Besatzungsmitglieder wußten wenig von dem, was sich in diesen Tagen auf den winterlichen Straßen Ostpreußens wirklich abspielte. Sie erhielten wie Millionen deutscher Volksgenossen ihr gültiges Weltbild über den zugelassenen Rundfunksender und die Deutsche Wochenschau. Nach den letzten Wehrmachtsberichten zu urteilen, schien die militärische Lage im Osten zwar kritisch, aber nicht hoffnungslos. Bald würden die im Reich aufgestellten neuen Elite-Divisionen an die Front geworfen. Mit ihren noch geheim gehaltenen Wunderwaffen würden sie die Iwans zurück in die Steppe jagen, weit hinter den Ural. Ein drittes Tannenberg mußte geschlagen werden. Von der entsetzlichen Not der ostpreußischen Frauen, Kinder und alten Männer wurde nur am Rande, wenn auch mit Bewunderung gesprochen. Alles verlief planmäßig, hieß es offiziell, und zeigte nicht ihr Einsatzbefehl, daß die oberste Führung die Lage im Griff hatte?

An dem Tag, als die *Albatros,* vorbei an den größten Getreidesilos Europas, in den Hafen von Königsberg einlief, traten nicht weit entfernt im Raum Guttstadt drei deutsche kampferprobte Divisionen zum Angriff an. In einem wandernden Kessel wollte Generaloberst Reinhardt ohne Genehmigung Hitlers über 400 000 Soldaten und die Zivilbevölkerung nach Pommern überführen. Ein großer Plan. Die Überraschung gelang, erstaunt über die Wucht des Angriffs, wichen die russischen Truppen. Doch 30 Kilometer vor Liebenau blieb der Durchbruch im Abwehrfeuer stecken. An Moral fehlte es der Truppe nicht, Reinhardt brauchte zwei zusätzliche Divisionen, die aber lagen noch in Kurland fest. So warfen die Russen die abgekämpften deutschen Einheiten auf Mehlsack zurück und schlossen den Ring um die 4. Armee immer enger. Ostpreußen war ein riesengroßer Kessel, ein erneutes Stalingrad bahnte sich an. Hitler setzte den am Tag zuvor verwundeten Generalobersten von seinem Kommando ab.

Als 1911 die Schiffbauer in Papenburg die *Albatros* entworfen hatten, waren sie kaum davon ausgegangen, den Dampfer als Eisbrecher auszustatten. Warum auch, in den Wintermonaten ruhte gewöhnlich der Ausflugsverkehr auf der Flensburger Förde. Doch jetzt wußte sich das schlanke Schiff selbst in dem zusammengepreßten Eis im Hafenbecken zu behaupten. Königsberg lag im tiefsten Schlaf, kein Licht flackerte, die Niethämmer auf den Werften schwiegen, kaum ein Laut drang durch die Nacht.

»Die Stadt sieht aus, als wäre sie tot«, sagte leise der Steuermann, und Rautell nickte mit dem Kopf, ohne sich umzudrehen. Sie änderten etwas den Kurs, um näher am Dampfer *Consul Cords* vorbeizufahren, der am Tag zuvor noch im Dock der Schichau-Werft gelegen hatte, um seine Kollisionsschäden reparieren zu lassen. Mit nur halbwegs ausgeführten Arbeiten mußte der Dampfer die Werft verlassen und Flüchtlinge übernehmen. Die Proteste des Kapitäns blieben ungehört. Mit 1200 Personen an Bord verließ der in Rostock beheimatete Dampfer den Königsberger Hafen und fuhr einem tragischen Schicksal entgegen.

Kaum lag die *Albatros* an der Pier fest, was Schwierigkeiten bereitete, weil sich immer wieder neues Eis zwischen Schiff und Kaimauer schob, als ein Luftwaffenhauptmann auftauchte. Der lange mit Pelz gefütterte Uniformmantel schlotterte ihm um die langen Beine. Er kam erst gar nicht an Bord, blieb vor dem Achterschiff stehen und schrie ihnen zu, daß 140 Nachrichtenhelferinnen im Anmarsch seien und demnächst hier eintreffen würden. »Sie sind mir für alles persönlich verantwortlich!« rief er ungehalten und hob die Hand zur Drohgebärde.

Thorsten Rautell, inzwischen erfahren im Umgang mit höheren Offizieren, legte stumm die Hand an die blaue Schirmmütze und dachte sich seinen Teil. Dem Herrn an Land aber schien die Geste vollauf zu genügen. Er warf sich in seine Limousine und raste davon. Die roten Schlußleuchten glimmten noch einen Moment im jetzt nachlassenden Schneefall,

dann verschwand das Auto hinter dem nächsten Lagerhaus. Gleich darauf verließ der Kapitän das Schiff, unmittelbar gefolgt vom II. Maschinisten Helmuth Scheer, der unbedingt etwas in der Stadt erledigen mußte, wie er behauptete. Rautell fand einen Sanitätswagen, der ihn in die Stadt mitnahm und für ein Päckchen Tabak im Lieper Weg absetzte. Er wollte Lore Döbler abholen. Die 21jährige Königsbergerin diente als Kontoristin bei der Bootsgruppe in Hexengrund und wurde seit 1943 regelmäßig einmal in der Woche zum Essen an Bord eingeladen, am Donnerstag natürlich, wenn Seeleute seit Karpfanger ihren Seesonntag feiern, mit Braten und Pudding. Als sich die Situation um Ostpreußen zuspitzte, beantragte Lore Döbler Sonderurlaub, um ihre Eltern aus Königsberg wenigstens nach Hexengrund zu bringen. Thorsten Rautell wollte ihr dabei helfen und sie alle mitnehmen. Vielleicht klopfte er etwas zu ungestüm gegen die Türfüllung und rief mit tiefer, rollender Stimme: »Thorrsten ist hierr!«
Erschrocken fuhren die noch unter dicken Federbetten liegenden Frauen zusammen. Sie glaubten die Russen schon vor der Tür und hofften, die fremden Soldaten würden einfach weiterziehen, wenn sie nur still blieben und ihre Anwesenheit nicht verrieten. Nervös trat Rautell von einem Fuß auf den anderen. Irgendwo in dem Haus öffnete sich knarrend langsam eine Tür, und der Kopf einer unfrisierten älteren Frau beugte sich neugierig über das Treppengeländer. Ertappt drehte sich der Kapitän ab und rief noch forscher, befehlender: »Lorre, hierr ist Thorrsten«, und nach einer Atempause, »ich will dich abholen!«
Jetzt wach geworden, erkannte Lore Döbler die Stimme ihres alten Freundes von der *Albatros*. Sichtlich erleichtert öffnete sie die Tür und ließ ihn eintreten. Hastig wurde das Notwendigste zusammengerafft, während Lores Mutter die Nachbarn aufscheuchte. Bald darauf zog Rautell mit einem Schub Bewohner des Hauses zur nächsten Straßenbahnhaltestelle. In dem eiskalten Wagen drängten sich die Leute mit ihren paar Habseligkeiten zusammen. Rautell half, wo er konnte, und als sie an der Pier anlangten, brachte er schließlich alle auf seinem Dampfer unter. Seine Kajüte hinter dem Ruderhaus überließ er einer jungen Frau mit ihren zwei Kindern, ohne sich weiter um sie kümmern zu können. 1959 würde sie ihm folgenden Brief schreiben:
»Lieber Onkel Thorsten, darf ich Sie heute noch so nennen? 14 Jahre

sind vergangen. Damals holten Sie uns aus dem Hexenkessel Königsberg heraus. Ihnen alleine verdanken wir unser Leben. Es war 5 Uhr morgens. In Windeseile wurde angezogen, nur ein paar Koffer gegriffen, und Sie nahmen auch uns mit. Wir fuhren mit der überfüllten Straßenbahn. Sie zahlten für alle. Was waren Sie ruhig, herzensgut, gaben uns Ihre Kabine und auch Ihr Bett. Nun können Sie sich bestimmt erinnern, wer wir sind, also die Nachbarn von Lore Döbler, Amy Jötzke, geborene Link.«
Die Besatzung der *Albatros* kam an diesem Morgen kaum zur Ruhe, denn inzwischen trafen die Nachrichtenhelferinnen ein, alles junge Mädchen mit verängstigten, grauen Gesichtern. Der Steuermann brachte sie in der Kajüte und in der vorderen Gastronomie unter, in der normalerweise nach erfolgtem Umbau die Mannschaft ihr Essen einnahm. In seiner Kammer fanden acht junge Damen zwar nicht gerade bequemen Platz, aber immerhin eine Unterkunft. Für ihn ein Rätsel, denn der Raum war klein, obwohl es sich um die eigentliche Kapitänskajüte handelte. In sichtbar teure Pelzmäntel gehüllt, erschien eine ältere Dame mit ihren beiden erwachsenen Töchtern an Bord und bat, mitgenommen zu werden. Ihr sicheres Auftreten ließ keinen Zweifel aufkommen, daß sie mit der Möglichkeit einer Abweisung nicht rechnete. Die überfüllte Kajüte, in der sich die Nachrichtenhelferinnen inzwischen eingerichtet hatten, kam für sie nicht in Frage. Ohne zu zögern, schlugen sie ihr Lager, bestehend aus dicken, neuen Wolldecken, im Wellentunnel auf und baten Willi Asmussen um mehr Licht. Bei der unzureichenden Beleuchtung lasse sich schlecht lesen, meinte die Mutter belehrend. Obwohl der I. Maschinist ihre Auffassung nicht teilte, stieß er ein paar übelriechende Rauchwolken aus seiner Pfeife und schleppte eine Kabellampe herbei. Als er später nach ihnen sah, unter dem Vorwand, unbedingt ein Lager abschmieren zu müssen, hatte jede der Frauen ein Buch vor der Nase, und keine nahm ihn zur Kenntnis.
Thorsten Rautell quetschte sich durch die überfüllten inneren Räume seines Schiffes und fand für jedes Mädchen ein tröstendes Wort. Das Allerschlimmste, sagte er, sei ja nun überstanden. Seine ruhige, väterliche Art wirkte Wunder. So deprimiert, geradezu verängstigt die jungen Frauen an Bord gekommen waren, so rasch schlug ihre Stimmung um. Bald lachten die ersten von ihnen, und noch bevor auf der *Albatros* die Leinen losgeworfen wurden, standen einige schon kichernd an Deck und

andere scherzten mit dem Koch in der Kombüse. Jensen sträubte sich nicht, er kochte eine große Kanne Muckefuck und schmierte eifrig Brote. Wenig später boten sie ihm ihre Hilfe an, und er zierte sich nun nicht lange.
Thorsten Rautell wollte unbedingt vor Anbruch des Tages Pillau erreichen. Kein Mensch konnte voraussagen, wie lange der Schneefall anhalten würde. Es galt, diesen natürlichen Luftschutz auszunutzen. Sie mußten also schnell verschwinden, denn es begann schon hell zu werden. Mit rascher Fahrt näherte sich ein Wehrmachtsauto dem Schiff. Als es abbremste, rutschte es auf dem Schneeboden drei, vier Meter weiter. Den Fahrer schien das nicht weiter zu stören. Er drehte das vereiste Fenster an seiner Seite einen Spaltbreit hinunter und schrie: »Die Russen sind in der Stadt, haut ab!« Ohne eine Antwort abzuwarten, brauste er weiter auf der Pier entlang und stoppte vor dem nächsten Frachter. Für Rautell gab es kein Halten mehr, er konnte schließlich nicht wissen, daß der Soldat voreilig reagiert hatte. In der Tat schlugen zur gleichen Zeit die ersten Granaten in die Vorstädte von Königsberg ein und lösten eine kleine Panik aus.
Als Rautell die Brücke betrat, spürte er den stärker gewordenen Luftzug. Und jedesmal, wenn er vorsichtig mit dem Knöchel gegen das Glas des Barometers klopfte, sackte der Zeiger ruckartig tiefer. Kein gutes Omen für die Rückreise, meinte er zum Steuermann. Der Dampfdruck stimmte, dafür sorgten Willi Asmussen und seine Mannen. Es konnte also losgehen, doch das festgefrorene, häufig umbrochene Schollneis drückte das Vorschiff immer wieder zurück. Nur ganz langsam vergrößerte sich der Winkel zwischen Bug und Pier, viel zu langsam. Als das Heck an der Kaimauer entlangschrammte, kreischte es häßlich. Rautell sträubten sich die Haare, er rannte nach draußen und sah über die Reeling nach achtern, aber inzwischen schwojte das Heck frei. Eine Beschädigung der Bordwand ließ sich von oben her nicht feststellen. Der Alte winkte kurz zum Dampfer *Neptun* aus Flensburg hinüber, der gerade anlegte. »Derr hat aberr starrke Nerrven«, sagte er, als er zurück ins warme Ruderhaus trat. Seine Stimme drückte ein klein bißchen Bewunderung aus. Ohne von den Russen behelligt zu werden, erreichten sie Pillau. Die Fahrt durch den Seekanal ging leichter als auf der Hinreise. Viele Fahrzeuge, kleine Frachter, Kriegsschiffe, Schlepper, Eisbrecher, Kähne, selbst

Schuten und Fischkutter verließen die bedrohte Stadt und hielten die Eisrinne offen. Mitunter horchten beide Männer auf der Brücke auf, wenn wieder eine stärkere Scholle in die Schraube geriet, aber kein Flunken brach ab. Das Glück lag im Kiel des Schiffes begraben.
Der Wehrmachtsbericht meldete Abwehrerfolge im Osten und viele abgeschossene Panzer. Königsberg blieb unerwähnt. Rautell wunderte sich täglich mehr, wo die Russen ihre Panzer herbekamen. Schließlich vermehrten sich Fahrzeuge nicht wie Karnickel. Nicht gemeldet wurde die Kapitulation der Festung Lötzen, dieses für unüberwindlich gehaltene Bollwerk an der Ostgrenze. An der Oder erreichten russische Panzerspitzen Schwedt.
Der Wehrmachtsbericht unterschlug auch die Nachricht, daß sich Prinz Louis Ferdinand von Preußen im Pferdeschlitten auf der Flucht über das zugefrorene Frische Haff befand. Ohne viel Gepäck hatte der Prinz sein nördlich von Elbing gelegenes Gut Cadinen verlassen und konnte nun auf dieser Schlittenfahrt einen trüben Vergleich mit seinem Vorfahren, dem Großen Kurfürsten ziehen, der vor ein paar Jahrhunderten ebenfalls im tiefen Winter auf einem Schlitten über das Kurische Haff gezogen war, jedoch als Sieger, nicht als Flüchtling.
Im Januar 1945 stand auf dem Platz vor dem großen Pillauer Leuchtturm das Denkmal des Großen Kurfürsten nicht mehr. Als die *Albatros* den Leuchtturm passierte, verschwendete Rautell keinen Gedanken an den Großen Kurfürsten oder an den Prinzen von Preußen. Am Seebahnhof, dem Liegeplatz der Wohnschiffe der Kriegsmarine, lagen jetzt Frachter, so die *Tanga*, die *Eberhard Essberger,* die *Lappland,* und er erkannte auch die *Wartheland.* Sie übernahmen Flüchtlinge und Verwundete. Die kleine, unscheinbare *Albatros* steuerte seewärts. Pillau versank hinter ihr im dichten Schneefall.

Im Schneesturm nach Gotenhafen

Kaum hatte die *Albatros* das Seegat erreicht, war der äußere Molenkopf mit dem kleinen Leuchtturm auf Steuerbordseite achteraus in einem milchigen Schneevorhang verschwunden, als der schmale Dampfer auch schon wüst zu schlingern und schaukeln begann. Im Verlauf der Nacht zögerte der stärker werdende Wind, sich auf eine Richtung festzulegen, gab aber in den Morgenstunden jede Zurückhaltung auf und schwenkte auf Nordost. Er pustete ununterbrochen aus allen verfügbaren Knopflöchern und legte in Böen noch etwas zu, fiel von achtern über den kleinen, in der tobenden See taumelnden Dampfer her und schüttelte ihn kräftig durch. Eine Hölle tat sich weit vor ihnen auf. Fast waagerecht wirbelte großflockiger Schnee als vielschichtige, sich ständig verändernde Wand über die grüngraue See. Wie eine schwarze zerfledderte Fahne wehte der beizende Qualm aus dem leicht nach achtern geneigten langen Schornstein dem Fahrzeug voraus.

Weit konnten die beiden Männer im Ruderhaus nicht sehen, obwohl sie sich anstrengten, aber die Maschine zu drosseln und langsamer zu fahren, kam für den Alten nicht in Frage, nicht heute. Er wußte Gott als stummen Zeugen, daß er sich Hauptmann Hübner nie aufdrängte, aber er hatte auch nicht einen Augenblick lang gezögert, den Auftrag anzunehmen, die Nachrichtenhelferinnen der Luftwaffe aus Königsberg abzuholen. Das Schiff fuhr schließlich in Charter der Luftwaffe, und Order war Order! Davon abgesehen, hatte Hübner bei der Besprechung mit keinem Wort erwähnt, daß Königsberg gefährdet sei. In stinknormalen Zeiten wäre Rautell, ohne zu zögern, spätestens jetzt umgedreht, um abseits des üblichen Hafenverkehrs an einer ruhigen Pier liegend besseres Wetter abzuwarten. Diesen Luxus glaubte er sich an diesem Tag nicht leisten zu können. Mit 66 Lebensjahren hinter sich, es fehlte nur noch ein Monat, hatte er inzwischen ein Alter erreicht, in dem sich Erfahrung mitunter als Bürde niederschlägt. Für Thorsten Rautell stellte sich nur die Frage, ob eine Rückkehr nach Pillau nicht gefährlicher sei, als sich in diesem Hexenkessel zu behaupten. Sein Schiff hielt er für stark genug, um jedem Sturm zu widerstehen, gegebenenfalls half vielleicht auch ein Gebet. Es gab andere Dinge, die ihn mehr beunruhigten, wenn er auch zu Köster am Ruder beiläufig sagte: »Wirr können nichts sehen, das ist schlimm, aber die Russen können auch nichts sehen, und das ist sehrr guut!«

Gegen dies Argument ließ sich wenig einwenden, fand der Steuermann am Ruder und schwieg. Er mußte höllisch aufpassen, daß die achterliche See die *Albatros* nicht quer zur Windrichtung schlug. Nicht eine Sekunde lag der winzige Fördedampfer in dieser aufgewühlten, klotzigen Wintersee ruhig. Er schaukelte und schlackerte, und die Männer mußten sich bei jedem Schritt irgendwo festhalten, um nicht von den Beinen gerissen zu werden. Wer nicht dienstlich auf sein mußte, lag flach. Besonders von den Unbilden des Wetters betroffen waren ihre Passagiere. Nur wenige zeigten sich seefest, und nichts ist ansteckender als Masern und Seekrankheit. Rautell ahnte, wie es unten aussah, aussehen mußte, und schüttelte den Gedanken ab, in der Kajüte nach dem Rechten zu sehen. Der Entschluß fiel ihm um so leichter, weil er sich bei der Sicht unmöglich von der Brücke entfernen konnte. Mitunter glitten dunkle Schatten an ihnen vorbei, wahrscheinlich kleinere Marinefahrzeuge, die möglicherweise die Einfahrt zum Seetief suchten. Nur keinen unnötigen Lärm verursachen, hieß die unausgesprochene Parole auf der *Albatros*, und so rührten sie ihre Dampfpfeife nicht an. Jedesmal, wenn einer von ihnen glaubte, ein verdächtiges Fahrzeug ausgemacht zu haben – andere gab es nicht – hielten sie beide die Luft an. Schließlich konnten es auch russische Torpedomotorboote auf der Jagd nach deutschen Schiffen sein. Sie fanden nicht einmal Zeit, an die »eisernen Wilhelms« zu denken, so hießen bei Rautell die Minen. Ob sie sich noch auf dem Zwangsweg befanden oder schon durch eines der angrenzenden Minenfelder trieben, wußten sie nicht. Bei dem Wetter ließ sich die Position des Schiffes nicht feststellen, bestenfalls schätzen.

Schwer legte sich die *Albatros* auf die Seite. Die beiden Masten neigten sich der See zu, dann drehte sie sich um die eigene Achse, bis schäumend die Welle unter dem Schiff durchlief. Tief hing das Vorschiff im ablaufenden Brecher. Gischt sprühte hoch und fegte über das Achterdeck. Immer bedenklicher blickte der Alte hinaus, maß die sich hinter dem Heck auftürmenden Wellen und schätzte ihre Kräfte ab. ›Sieh, mein Herr, mein Schiff ist so klein‹, fiel ihm plötzlich ein, und er vervollständigte die alte Binsenweisheit der Seefahrer, ›und das Meer ist so groß‹. Nach Stolpmünde sollte er die Menschen bringen, aber dieser kleine pommersche Hafen lag in dieser Stunde am Rande der Welt. Er sah, wie sich der I. Maschinist über das Bootsdeck zu ihm hinangelte. Auf halbem Wege erwischte ihn eine Gischtwolke. Willi Asmussen machte schnell einen krummen Rücken, aber es half nicht viel, bevor er sich versah, trug er keinen trockenen Faden mehr am Leib. Rautell hörte ihn nicht fluchen, aber er las seine Verwünschungen von den Lippen ab. Irgend etwas stimmte nicht, sonst würde er nicht auf die Brücke kommen. Hoffentlich kein Kesselschaden, dachte Rautell. Er drückte für Willi die Tür auf, und der Maschinist drängte sich an dem Kapitän vorbei in das mollig warme Ruderhaus. Sofort bildete sich um seine Füße eine Wasserlache. Er nahm die ebenfalls naßgewordene Mütze ab, schüttelte sie und sagte: »Wir machen Wasser, Thorsten!«

Die beiden Männer duzten sich seit vielen Jahren. Willi Asmussen hielt sich für gleichberechtigt, denn was wollte und konnte der Alte ohne ihn und seine Maschine schon anfangen? Ungläubig schaute ihn Rautell an, wobei er sich ein wenig nach vorne beugte und nachfragte: »Wasserr, warrum machen wirr Wasserr?«

Willi zuckte mit den Schultern, holte seine Stummelpfeife aus der Jakkentasche seines Arbeitsanzuges und wollte sie stopfen. Als er den nassen Tabak fühlte, steckte er seine Rauchutensilien wieder ein. Er meinte, das Leck könnte beim Ablegen in Königsberg entstanden sein. »Es hat ganz schön gerumst«, knurrte er und wäre beinahe auf den vor ihm stehenden Kapitän gefallen.

»Gerrumst, gerrumst«, wiederholte Rautell unwillig und fragte nach der Pumpe.

»Sie schafft es nicht, die Flurplatten im Maschinenraum stehen fast unter Wasser!«

Auch das noch, dachte der Kapitän. Die drei Männer im Ruderhaus wußten, was das bedeutete. Wenn es nicht gelang, den Schaden zu beheben, wenigstens notdürftig, würden sie absaufen. Rautell strich Stolpmünde als Reiseziel. Umdrehen aber kam nicht in Frage, sie hätten gegen die schwere See anboxen müssen und dabei noch mehr Zeit verloren.

Sie dachten auch an die Russen, die vielleicht schon auf der Pier in Pillau standen. Als Anlaufplatz kam nur Gotenhafen in Frage, notfalls Hela, wenn alle Stricke reißen sollten. Obwohl sie böse in der Klemme saßen, gab es auch einen kleinen Lichtpunkt. Ohne Order wäre Thorsten Rautell auf Kurs geblieben, aber unter diesen Umständen würde jede Dienststelle seine Notsituation anerkennen. Bei der Gelegenheit könnte er sich in Gotenhafen auch um den achteraus gesegelten Matrosen kümmern. Wahrscheinlich wartete er bei der Bootsgruppe in Hexengrund auf die Rückkehr der *Albatros* und vertrieb sich die Langeweile. Wenn nicht, blieb ihm keine andere Wahl, als sein Verschwinden doch der Polizei zu melden.
Nach kurzer fachlicher Diskussion einigten sich die Männer auf der Brücke der *Albatros,* daß über den Wassereinbruch und die damit drohende Gefahr geschwiegen werden sollte, um eine mögliche Panik zu vermeiden.
»Man kann ja nie so recht wissen, wie die Weiber reagieren«, brummte Willi vor sich hin. Das Leck konnte nur hinter der Verschalung im achteren Mannschaftslogis liegen. Um es mit Bordmitteln einigermaßen abdichten zu können, mußte die Verschalung entfernt werden. Im Logis aber lagen eng beieinander wie Heringe einige Nachrichtenhelferinnen. Sie umzuquartieren erwies sich als zeitraubende Angelegenheit, denn Willi mußte die meisten auf seinen Armen hinaustragen. Von der schlimmsten aller Krankheiten befallen, zeigten sie kein Interesse für ihre Umbettung. Einige wollten sowieso lieber sterben, als noch länger diese fürchterlichen Qualen zu ertragen, andere verlangten totenblaß, sofort an Land gebracht zu werden. Willi sagte ja und amen, widersprach nicht und versuchte zu scherzen. Wenn auch das nicht half, versprach er, daß sich das Wetter bald ändern werde. Ihm schien jedes Mittel recht. Als Jensen wissen wollte, warum die Verschalung abgenommen werden müsse, sagte er ihm vertraulich, ein Rohr sei undicht, und das müsse unbedingt dichtgeflanscht werden. Nach vollendeter Zwangsräumung nahmen Asmussen und der Heizer die Holzbretter der Verschalung ab. Die Bordwand wies eine kopfgroße Delle auf. Durch die gelockerten Nieten floß ein steter Wasserstrahl. Der Schaden entsprach den Vorstellungen des Maschinisten, der sich in seiner geäußerten Vermutung einmal mehr bestätigt sah. Beheben ließ sich die Verformung mit den ihnen zur Ver-

fügung stehenden Mitteln zwar nicht, aber mit Hilfe eines Stempels und ein paar Holzkeilen konnte das einfließende Wasser auf ein Minimum herabgesetzt werden. Den Rest würde die Pumpe leicht bewältigen. Zufrieden mit sich und seiner Arbeit steckte sich Willi endlich sein Pfeifchen an und reichte den prall gefüllten Tabakbeutel dem Heizer. Besser konnte er Lob nicht ausdrücken. Bald zog dicker, stinkender Qualm durch die angrenzende Kajüte und warf auch die letzten noch nicht von der Seekrankheit befallenen Passagiere auf die Matten.

Als Rautell hörte, daß keine unmittelbare Gefahr mehr für das Schiff bestehe und Willi wie üblich alles unter Kontrolle habe, nickte er nur. Jedes andere Ergebnis wäre eine Überraschung gewesen. Sie steuerten weiter auf Gotenhafen zu und hofften, den richtigen Kurs eingeschlagen zu haben, dann seit die Pillauer Außenmole außer Sicht gekommen war, fuhren sie blind, auf ihr Glück vertrauend. Vorsichtig tasteten sie sich weiter durch die Danziger Bucht. Immer noch heulte der Sturm um die Masten und Stagen und brach sich an den wenigen Aufbauten. Gischtfetzen mischten sich mit Schnee. Ein Wetter, bei dem kein Bauer seinen Hund vor die Tür jagt. Erneut bäumte sich die *Albatros* auf, tanzte auf dem Wogenkamm, ritt auf ihm im Höllentempo, rutschte schließlich ab und

Danziger Bucht mit Samland-Küste. Von Brüsterort bis Rixhöft: Deutschlands Dünkirchen

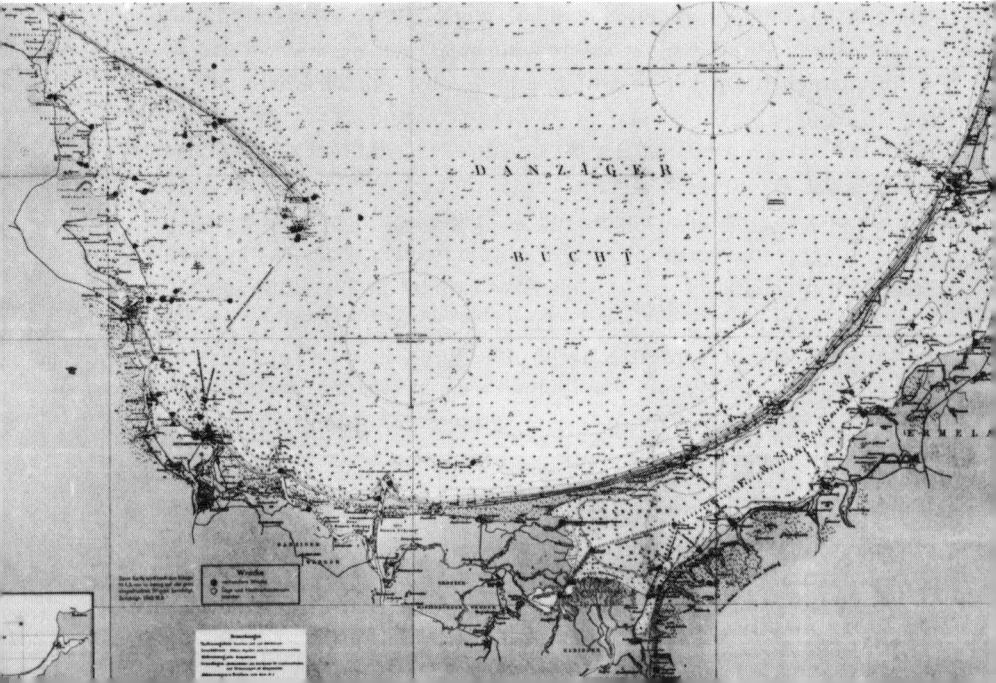

steckte das Vorschiff tief in die weiterziehende, gischtüberzogene See. Kaskaden bildeten sich zu beiden Seiten der Back. Der kleine sich wehrende Dampfer zitterte in allen Verbänden, aber er strebte unaufhaltsam weiter der Küste zu.

Keiner von ihnen im Ruderhaus erwähnte auch nur mit einem Wort die Minenfelder, aber sie wußten von der ihnen drohenden Gefahr, jeden Augenblick mit einem Paukenschlag in die Luft zu fliegen. Rettung gab es für sie kaum. Die beiden leichten Boote auf dem Achterdeck würden beim Aussetzen unweigerlich an der Bordwand zerschellen oder spätestens beim Aufsetzen auf die bewegte Wasseroberfläche umstürzen. Rettungswesten befanden sich nur für die Besatzungsmitglieder an Bord. Sie lagen griffbereit in den Kojen und stammten aus Beständen der Luftwaffe. Doch bei einer herrschenden Wassertemperatur nahe dem Gefrierpunkt ist selbst die beste Rettungsweste ihr Geld nicht wert. Ihre Chance zu überleben lag allein im Können und im Glück des Kapitäns. Thorsten Rautell bewies das eine und besaß das andere. Als sie im Ruderhaus übereinstimmend meinten, daß sie nicht mehr weit von der Küste entfernt sein könnten, bildete sich über dem Schiff ein Stückchen blauer Himmel, das sich von Minute zu Minute vergrößerte. Langsam ließ der Schneefall nach, und schlagartig weitete sich die Welt.

Gespannt starrten beide Nautiker hinaus, suchten mit geübten Augen die sich klar abzeichnende Küstenlinie nach ihnen bekannten Landzeichen ab. Doch sie benötigten keine Leuchttürme, Baken, auffällige Kirchtürme oder schwimmende Seezeichen: Gotenhafen lag direkt vor ihrem Bug. Sie brauchten um keinen Grad den gesteuerten Kurs zu ändern. Auch das nahm Thorsten Rautell wie selbstverständlich hin. Alles, was ihm dazu einfiel, faßte er zusammen: »Das nennt man Navigation!«

»Und Glück ist, wenn man trotzdem hinkommt«, bemerkte trocken der Steuermann.

In Gotenhafen kümmerte sich kein Mensch um die einlaufende *Albatros*. Zum ersten Mal wollte kein Beamter wissen, woher sie kamen, was sie wollten. Keine Papiere wurden verlangt, und weder der Hafenkapitän noch einer seiner Untergebenen ließ sich blicken. »Das sind ja Zustände wie im alten Rom«, meinte Willi Asmussen, und Köster ergänzte: »Rom brannte ab!«

Vor ihnen an der Pier lag die *Wilhelm Gustloff*. Vor dem Krieg hatte sie mit Mitgliedern der Arbeitsfront durch die norwegischen Fjorde gekreuzt, bis die Marine ihre Hände nach dem schwimmenden Hotel ausstreckte und es als Wohnschiff in Gotenhafen vertäute. Noch hatte der Kapitän Friedrich Petersen keinen Auslaufbefehl, an Bord aber befanden sich schon 4000 Flüchtlinge und Marineangehörige. Als die Luftwaffenhelferinnen merkten, daß sie sicher im Hafen lagen, hielten sie keine zehn Pferde zurück. Innerhalb einer knappen Stunde verließen alle fremden Personen den kleinen Dampfer. Thorsten Rautell schaute ihnen nach, wie sie mit leichtem Gepäck im Gewühl der Menschen auf der Pier verschwanden. Die *Albatros* gehörte wieder der Stammbesatzung, die sich umgehend an die Arbeit machte, die Räume von den Spuren ihrer seekranken Fahrgäste zu säubern, was keinem so recht behagte.

Mit reichlich gemischten Gefühlen verholten sie zu ihrem Stammliegeplatz nach Hexengrund. Rautell befürchtete, seine Dienststelle werde ihm Vorhaltungen machen, die Nachrichtenhelferinnen nicht nach Stolpmünde gebracht zu haben, aber auch dort zeigte sich keiner der Offiziere am Schicksal der *Albatros* interessiert. Im Gegenteil, Hauptmann Hübner schien froh über ihre Anwesenheit zu sein. Vom Matrosen Rolf Bertram jedoch fehlte jedes Lebenszeichen, und so blieb dem Kapitän der Weg zur Polizei nicht erspart. Die Suche nach dem Berliner war erfolglos. Bei seiner polnischen Geliebten hielt er sich angeblich nicht auf.

Noch einmal kehrte die *Albatros* zu ihrem normalen Alltagsgeschäft zurück, diente als Scheibenschlepper und Werkstattschiff. Aber in der Danziger Bucht wurde es von Tag zu Tag ungemütlicher. Immer häufiger tauchten russische Bomber und Schlachtflieger auf und griffen die Fahrzeuge an. Wie ein Schlag traf sie die Nachricht, daß die *Wilhelm Gustloff* am 30. Januar torpediert worden war, und fünf Tage vor der Abreise ging die *Steuben* unter.

Sie atmeten erleichtert auf, als in Erprobung befindliche Torpedos übernommen wurden und Hauptmann Hübner mit 20 Soldaten an Bord stieg, um die neuen Torpedos mit Walter-Antrieb zu bewachen, die mit zielsuchenden Einrichtungen System Geier-Pfau ausgestattet waren. Hübner sollte mit seiner Gruppe in Travemünde eine neue Erprobungsstelle aufbauen, hieß es offiziell. Für Rautell und seine Leute bedeutete die Order, daß es nach Hause ging, und das genügte vollauf.

Beschützt von zahlreichen Sicherungsfahrzeugen der Kriegsmarine ver-

ließ die *Albatros* im Konvoi am 15. Februar 1945 die Danziger Bucht. Im Schneckentempo bewegten sich rund 50 Fahrzeuge vorwärts, und das langsamste fuhr nicht schneller als vier Knoten. Nicht weit von der *Albatros* entfernt dampfte tief abgeladen die *Alexandra* westwärts. Als die beiden Schiffe sich einander näherten und auf Rufweite kamen, öffnete sich auf der *Alexandra* die Tür zum Ruderhaus, und Kapitän Greggersen brüllte zu ihnen herüber: »Laßt uns mal zusammenbleiben!«
Greggersen, der sich selbst als Kommandeur der Fördedampfer ansah und gelegentlich auch so bezeichnete, konnte auf Thorsten Rautell nicht zählen. Der tat so, als ob er Greggersen nicht sah. Zu Köster gewandt grinste er und sagte abfällig: »Soll Greggerrsen doch sehen, wo err mit seinem lahmen Kahn abbleibt.« Rautell begutachtete jedes einzelne Fahrzeug im Konvoi und beschloß, sich abzunabeln. Auf der Höhe von Swinemünde scherte die *Albatros* aus dem Geleitzug aus und nahm Kurs auf das Ostseebad, um zu bunkern. Außerdem wollte der Kapitän die Gelegenheit nutzen, nach seinem Schwager zu sehen. Über Stralsund erreichten sie unbehelligt und ohne Geleitfahrzeug schließlich Travemünde. Über die zurückgelegte Reise meinte Willi Asmussen: »Wenn ich nicht genau wüßte, daß Krieg ist, würde ich es nicht glauben.« Im selben Augenblick heulten in Travemünde die Sirenen auf: Fliegeralarm!
Kopfschüttelnd blickte Rautell seinen Maschinisten an. Er war nicht abergläubisch, aber mit solchen Sachen sollte man nicht spaßen.
Die neuen Torpedos wurden vorsichtig unter strenger Bewachung ausgeladen und abtransportiert. Für die *Albatros* gab es weiter nichts zu tun. Vom Kapitän bis zum fünfzehnjährigen Schiffsjungen glaubten alle, daß für sie der Krieg vorbei sei. Ein paar Tage lang noch würden sie auf der Trave verbringen müssen, dann aber nachts einfach nach Flensburg fahren, nach Hause. Was auch sollten sie mit ihrem kleinen unbewaffneten Dampfer beschicken?

In der Hölle vor Saßnitz

Doch es kam ganz anders. Auf einen Auslaufbefehl nach Flensburg hatten sie gewartet, statt dessen überbrachte ein Offizier die Order, daß sie am nächsten Morgen nach Gotenhafen sollten. Hauptmann Hübner, ihr Chef, befand sich noch auf der Gangway, als die Männer laut zu murren begannen. Sie verstanden Gott und die Welt nicht mehr, von der Luftwaffe ganz zu schweigen. Obwohl viele große und bewaffnete und schnelle Schiffe im Hafen auf Reede lagen, sollten ausgerechnet sie die Wende herbeiführen und den Krieg gewinnen.
»Ein Selbstmordkommando ist das«, tönte Helmuth Scheer, und keiner an der Back widersprach, auch der Alte nicht, im Gegenteil, Rautell nickte nachdenklich mit dem Kopf und sah an den Männern vorbei, die ihm gegenübersaßen.
Morgens gegen fünf Uhr am 1. März stand plötzlich Thorsten Rautell in der Steuermannskammer neben der Koje des noch fest schlafenden Köster und weckte ihn unsanft mit den Worten auf: »Ich bin sehr krrank, Kösterr, und fahrre nach Hause. Sie sollen das Schiff übernehmen. Befehl von derr Reederrei! Ich wünsche Ihnen viel Glück!«
Rautell wartete keine Entgegnung ab. Er drehte sich entschlossen um und verließ die *Albatros*. Das Gepäck stand schon auf der Pier. Köster fühlte sich von Rautell alleingelassen mit der ganzen Verantwortung. Das Schiff kannte er bestens. Schon als 14jähriger Moses unter Kapitän Deikert hatte er alle Ecken und Winkel des Dampfers kennengelernt, und von den zurückliegenden zwanzig Jahren hatte er die meisten auf der *Albatros*, dieser kleinen schwimmenden Welt verbracht. Auf einem Schiff zu fahren ist eine Sache, es zu führen eine ganz andere. Verantwortung ließ sich nicht teilen, mit keinem an Bord, und es drängte sich niemand danach. Sie schuf ungewollt Distanz, auch zu Willi Asmussen, und machte einsam. In Travemünde gratulierte Willi ihm als erster, aber sein Händedruck fühlte sich anders an als am Tag zuvor, schien es ihm.
Am frühen Morgen tauchten 15 frisch eingekleidete Soldaten einer Ma-

rinekochschule mit Feldküchen auf, die mitgenommen werden sollten. Die Übernahme ging rasch, und kurze Zeit später hieß es Abschied von Travemünde nehmen. Erst draußen auf See kam Heinrich Köster zur Besinnung. Zusammen mit den jungen Soldaten war auch ein Inspektor aus Hamburg an Bord erschienen, ein Steuermann mit großem Patent, wie sich bald herausstellte. Das traf sich gut, und er sprang auch nach kürzerer Diskussion in die freigewordene Position ein, wobei er betonte, daß es sich nur um eine vorübergehende Arbeitsteilung handeln könne. »Ich bin schließlich Soldat und kann nicht tun, was ich will«, betonte er und legte Wert darauf, daß seine Einstellung im Schiffstagebuch vermerkt wird. Köster willigte ein. Papier ist geduldig, dachte er und reichte seinem Steuermann die Hand, was soviel hieß wie: Der Vertrag ist geschlossen.

Das Schiff zu fahren bereitete Köster keine Schwierigkeiten. Die Sache mit Gotenhafen allerdings mißfiel ihm gründlich. Als er die Schiffspapiere durchsah, stellte er fest, daß die *Albatros* unbedingt entmagnetisiert werden mußte, und dafür bot sich nur Rostock an. Also änderten sie ihren Kurs und dampften Richtung Warnemünde. Doch die Anlage in Rostock stand nicht gleich zur Verfügung. Erst mußten die am Tag zuvor angerichteten Bombenschäden repariert werden. So vergingen notgedrungen vier Tage. Inzwischen bemühte sich der neue Kapitän um Bunkerkohle und Kesselwasser, während Jensen Proviant aufkaufte und von Schiffshändler zu Schiffshändler wanderte. Bei der Anforderung verlangte der Hafenkommandant die Papiere des Schiffes zu sehen und schüttelte den Kopf, als er feststellte, daß die kleine *Albatros* unverzüglich nach Gotenhafen sollte. Ohne Köster zu fragen, führte er mehrere Telefongespräche, hob schließlich die alte Order auf und stellte eine neue für Saßnitz aus. Die Soldaten mit ihren Gulaschkanonen sollten in Rostock bleiben, der Steuermann durfte mitfahren.

Der typische Geruch von leicht brodelnder dicker Erbsensuppe zog wie an jedem Dienstag aus der Kombüse durch den kleinen Dampfer, verteilte sich in den Aufenthaltsräumen und signalisierte unmißverständlich baldiges Mittagessen. Zu unpassender Zeit, wie der am Kohlenherd lehnende Jens Jensen fand, tauchte plötzlich der Alte auf, den er noch an Land beim Klönschnack mit dem Hafenkapitän wähnte, und sagte kurz angebunden: »Wir müssen weg, der Krieg geht weiter!«

Erstaunt blickte der Matrose auf, der die Arbeit eines Schiffskochs übernommen hatte, während der II. Maschinist verärgert reagierte und fragte, wohin denn die Reise gehen solle. Er hatte sich landfein gemacht, weil er nach dem Essen noch etwas Dringendes in der Stadt erledigen wollte.
Ungeniert musterte ihn Heinrich Köster von den schwarzen blankgeputzten Schnürschuhen bis hin zum blauen Schlips, und ohne überhaupt zu fragen, was er vorhabe, schüttelte er den Kopf, und seine Stimme klang härter als gewohnt, als er sagte: »Daraus wird nichts, Helmuth. Wir haben Order, nach Saßnitz zu laufen, und wenn ihr mich fragt, so ist Saßnitz besser als Gotenhafen oder Hela!«
Er hat sich stark verändert, seitdem er Kapitän ist, fiel dem Maschinisten ein, doch er kam nicht dazu, sich zu äußern, denn Jensen haute laut den Deckel auf den großen Suppentopf und behauptete: »Flensburg wäre noch besser!« Natürlich wäre ihr Heimathafen als Reiseziel auch Köster willkommener gewesen, das brauchte er nicht zu beteuern, aber darum ging es jetzt nicht. Es war Krieg, und ihre Order lautete, nach Saßnitz zu laufen. Nur zu gut hatte der neue Kapitän der *Albatros* den warnenden Unterton in der sonst so leutseligen Stimme des Hafenkapitäns vernommen, daß ein weiteres Verbleiben in Rostock die zuständigen Stellen aufmerksam machen würde. Was das zu bedeuten hatte, ahnte Köster.
Sie aßen noch gemeinsam, auf eine halbe Stunde kam es nun wirklich nicht an. Ihre Anwesenheit in Saßnitz würde den Ausgang des Krieges nicht entscheiden. Abgesehen davon mußte der Heizer Willy Schneider erst noch ein paar Schaufeln Kohle auf das Feuer werfen, denn ohne den notwendigen Dampfdruck konnte das Schiff nicht auslaufen.
Die Gespräche am Tisch liefen im Kreis und beschränkten sich auf Vermutungen über die Aufgaben, die sie in Saßnitz erfüllen sollten. Keiner konnte sich einen überzeugenden Reim machen, Köster eingeschlossen, und als ihm schließlich die Quasselei zuviel wurde, schob er resolut den Teller von sich, stand auf und sagte ruhig, wie es seine Art war: »Klar vorne und achtern!«
Es gab keine weiteren Diskussionen. Während Jensen und der Moses an Deck gingen, um die Leinen loszuwerfen und einzuholen, der II. Maschinist auf seine Station in den Maschinenraum stieg, blieb lediglich Willi Asmussen an der Back sitzen und füllte sich einen kräftigen Nachschlag

auf den Teller. Keiner konnte Erbsensuppe so kochen wie Jens, behauptete er und hätte sie auch gern zweimal in der Woche gegessen.

Mit langsamer Fahrt verließ die *Albatros* unbeachtet den Rostocker Hafen. Nur der Hafenmeister trug unter dem Datum vom 6. März den Abgang des Schiffes in seine Kladde ein, und der Makler schickte ein entsprechendes Telegramm an die Reederei nach Flensburg. Abwärts ging es die Warnow, der freien See zu. Ein leichter Luftzug aus Nordosten versuchte sich durchzusetzen, aber die leichte, hochhängende Bewölkung verriet Köster, daß sie einen ruhigen Tag auf See haben würden. Schwer hing dagegen die schwarze Rauchwolke aus ihrem leicht schräg stehenden Schornstein über dem schmalen Kielwasser und versperrte den Blick achteraus.

In Warnemünde lagen Schnellboote in Päckchen an der Pier, Vorpostendampfer und Schlepper waren dabei anzulegen, und Küstenfrachter löschten oder luden Ladungen. Kräne schwenkten durch die Luft mit Ballen an den Haken. Ungewöhnlich viele Menschen standen dichtgedrängt auf der Außenmole und blickten erwartungsvoll hinaus auf die See. Ein Güterzug wartete mit vorgespannter dampfender Lokomotive vor der leeren Trajektanlage auf die Eisenbahnfähre, die sich, aus Gjedser kommend, verspätete. Über das Sprachrohr, es führte von der Brücke zum Leitstand im Maschinenraum, forderte Köster Willi Asmussen auf, kräftiger auf die Pulle zu drücken, was soviel hieß wie »Voll voraus«. Lebafter rauschte nun die Bugwelle. Schnell glitten sie die Neue Warnow entlang, einem einlaufenden Minenräumverband ausweichend, der wie selbstverständlich die Fahrwassermitte beanspruchte. Der Alte ließ die erneuerungsbedürftige Handelsflagge dippen und schwenkte zum Gruß seine blaue Schirmmütze. – Als sie um den Molenkopf bogen, sahen sie ein Torpedofangboot aufgeregt um einen im flachen Wasser gekenterten großen Zweischornsteiner kreisen, dessen Kurs wahrscheinlich über eine der zahlreich abgeworfenen Minen geführt hatte. Die mächtige Explosion hatte Alarm ausgelöst und sämtliche kleinen Fahrzeuge in Warnemünde aus dem Hafen gescheucht, vom winzigen Hafenboot über die Schiffe der grauen Dampferkompanie bis hin zu den ständig auslaufbereiten Schleppern. Der Minensucher *August Bröhan*, im Frieden gebaut, um Fische bei Grönland zu suchen, gehörte zu den ersten Fahrzeugen, die sich um die Rettung der Schiffbrüchigen bemühten.

31

Hafen von Warnemünde

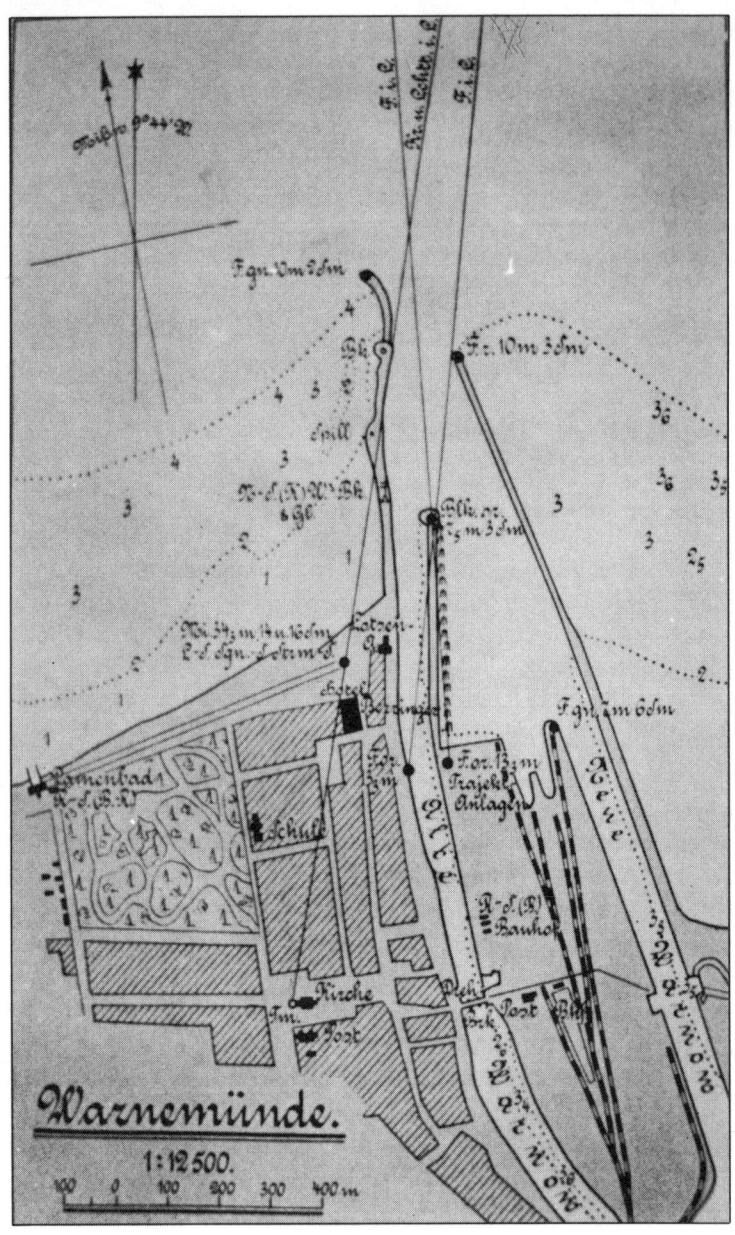

Zum Glück konnten alle an Bord befindlichen Personen gerettet werden. Beim anschließenden Einschleppversuch fiel die *Hansa* auf die Seite und kenterte schließlich. Bekannt geworden war das Passagierschiff unter dem Namen des früheren Hapag-Chefs *Albert Ballin*, bis es umgetauft und als Wohnschiff der Kriegsmarine in Gotenhafen stationiert wurde, unweit der inzwischen gesunkenen *Wilhelm Gustloff*. Die Flotte der großen Ozeanriesen schmolz dahin.
Eine riesige Möwenkolonie nahm Besitz von dem gesunkenen Schiff. Immer neue Gegenstände tauchten auf der Wasseroberfläche auf, herausgespült aus dem aufgerissenen Leib. Mit dem Untergang der *Hansa* vergrößerte sich der Schiffsfriedhof vor Warnemünde. Nicht weit entfernt von dem gekenterten Hapag-Riesen ragten die Masten des Frachters *Erika Fritzen* aus dem Wasser, und die *Ellen Larsen* der Rostocker Reederei Erich Ahrens war nach einem Minentreffer gestrandet. Diese Wracks erinnerten die Männer auf der *Albatros* daran, daß sie einen gefährlichen Beruf ausübten. Von Helden hielten sie nichts, doch sie blieben an Bord und fuhren weiter. Noch lange standen sie an Deck und schauten zurück, bis das Wrack außer Sicht geriet. Viel sprachen sie nicht, die Männer der *Albatros*. Wer mehr redete als notwendig, galt schnell als Schwätzer. Sie vermieden, im Gespräch das Wort Mine zu erwähnen, als könnte allein die Bezeichnung, laut ausgesprochen, schon Unglück und Tod bedeuten. Aberglauben lehnten sie natürlich entschieden ab, aber als anständige christliche Seeleute nahmen sie das Recht in Anspruch, trotzdem abergläubisch sein zu dürfen. Die Angst vor Minen teilten sie untereinander wie die Furcht vor einem gewaltsamen Tod.
Unverfroren und von deutschen Nachtjägern kaum ernsthaft behelligt, tauchten Nacht für Nacht schwerbeladene englische Flugzeuge über der Ostsee auf und warfen ihre Teufelseier ab, mitten hinein in die Zwangswege und vor die nassen Haustüren der Häfen. Obwohl die Räumboote der Marine ständig unterwegs waren, um wenigstens die Hauptwege offenzuhalten, blieben Unfälle nicht aus. Es gab Biester, die nicht auf den Magnetismus eines Schiffes reagierten, sondern auf deren Schraubengeräusche. Dagegen konnten sich bestenfalls Sperrbrecher schützen, aber nicht die kleine *Albatros*.
Nur gut, daß sie ihren Dampfer wenigstens in Rostock entmagnetisiert hatten, dachte Hein Köster auf der Brücke und hob das Fernglas. Auf

der klaren Kimm tanzte ein Geleitzug westwärts, begleitet von mehreren Fahrzeugen der Kriegsmarine, die wie wachsame Schäferhunde an den Flanken entlangliefen. Hin und wieder wechselte Köster ein paar belanglose Worte mit dem am Ruder stehenden Steuermann, der seinen Platz an Bord eingenommen hatte. Obwohl er in Travemünde zugestiegen war, blieb ihr Verhältnis zueinander reserviert. Köster warf noch einen prüfenden Blick auf den Kompaß, verglich den anliegenden Kurs mit dem eingezeichneten in der Seekarte und verabschiedete sich mit der Bemerkung, daß er sich jetzt 'mal für ein knappes Stündchen auf's Ohr legen werde. Wenn etwas Unvorhergesehens passieren sollte, dann wolle er sofort geweckt werden. »Nur laut rufen, das genügt«, äußerte er und verschwand nach nebenan, um auf der Lederbank ein kleines Mittagsschläfchen zu halten. Längst fuhr die *Albatros* auf dem Zwangsweg und schwenkte auf einen östlichen Kurs ein, sich peinlich genau in der Fahrwassermitte haltend, in der Hoffnung, daß die Räumboote der Kriegsmarine diese wichtige Schiffahrtsstraße inzwischen gesäubert hätten. Dafür sprach der ungewöhnlich starke Schiffsverkehr. Tief abgeladene Frachter zogen an ihnen vorbei auf dem Weg nach Lübeck, Kiel und vielleicht sogar nach Flensburg und allerlei Kriegsschiffe mit in den Himmel gerichteten Kanonen. Mitunter überholte sie ein in Ballast fahrendes schnelleres Fahrzeug. Alles, was überhaupt einen Kiel besaß, schien unterwegs zu sein, eingesetzt vom Seetransportchef Konteradmiral Engelhardt, um die Menschen aus den bedrohten Ostgebieten in Sicherheit zu bringen. Doch das schlechte Wetter in der Ostsee in den letzten Tagen brachte den ganzen sorgfältig abgestimmten Transportplan durcheinander. Erst am 4. März beruhigte sich der Südwest-Wind, der selbst die großen Pötte auf ihren Ankerliegeplätzen fesselte und ein Ausschiffen der Flüchtlinge und vor allem der verwundeten Soldaten unmöglich machte. Nach Abflauen des Sturmes beruhigte sich auch die aufgeregte See, und träge rollte nun die *Albatros* in der achterlichen Dünung.
Kurz vor Einbruch der Dunkelheit löste Hein Köster den Inspektor auf der Brücke ab. In der Messe wartete das Abendessen auf ihn: Bratkartoffeln mit Spiegelei und saure Gurken. Jens Jensen übernahm das Ruder. Ein Blick nach Steuerbord genügte, um sich über den Schiffsort zu informieren. Sie befanden sich auf der Höhe der Insel Rügen. Das

Leuchtfeuer von Kap Arkona mußte jeden Augenblick in Sicht kommen. Kurz leuchteten die Positionslampen eines Entgegenkommers auf. Am Himmel schälten sich die ersten Sterne aus der Helligkeit des ablaufenden Tages. Eine friedliche Welt. Gelassen trat der Alte auf die Brückennock und atmete kräftig die frische Seeluft ein. Er fühlte sich gut. Gleichzeitig sondierte er die Luftlage, eine erforderliche Maßnahme, denn jederzeit konnten feindliche Flugzeuge auftauchen. Auf dem Wasser kann sich kein Schiff verstecken. Doch vorerst blieb alles ruhig, bis auf das monotone Stampfen der Kolben, das Rauschen der Bugwelle und Wortfetzen, die von Deck heraufklangen. Unten in Lee saß Willi Asmussen und klönte mit dem Schiffsjungen. Er erzählte von vergangenen Zeiten in der Fördefahrt, als die *Albatros* noch Sonntagsausflügler nach Glücksburg brachte und jeden Abend zu Hause im Hafen lag. Ob ihn denn nie die weite Welt gelockt habe, Rio, Shanghai, Bombay und so, wollte der Junge wissen. »Doch, aber wenn man älter wird und Familie hat, Kinder, mein Junge, dann sieht das alles anders aus. Die sogenannte große Fahrt ist was für junge Leute, auf einem Fördedampfer kannst' alt und grau werden«, bemerkte Willi und stopfte sich eine neue Pfeife Tabak.
Gegen 22.00 Uhr passierten sie das Kap und steuerten nun Südost weiter, Stubbenkammer entgegen. Die Positionslampen wurden nur kurz bei einer Annäherung an andere Fahrzeuge angeschaltet, sonst blieben sie dunkel. Köster verließ sich auf seine Augen. Nur kein Aufsehen erregen, hieß seine Devise. Eine Taktik, die einst Thorsten Rautell eingeführt und erfolgreich angewandt hatte. Es gab für den neuen Kapitän keinen Grund, von bewährten Methoden abzuweichen, die Besatzung hätte ihn auch nicht verstanden. Aber irgend etwas stimmte an diesem beschaulichen Abend nicht. Köster wurde unruhiger und trat immer häufiger auf das Deck hinaus, um zu horchen. Vielleicht störte ihn auch nur die klare Nacht. Aber da, undeutlich zuerst, doch unverkennbar: Flugzeuge! Ein dumpfes auf- und abschwellendes Brummen erfüllte bald die kühle Nachtluft. Unter dem Himmel mußte ein mächtiges Geschwader hängen, im Anflug auf das Reichsgebiet. Vorsicht schien geboten. Köster nahm an, das flimmernde Kielwasser könnte möglicherweise ihre Anwesenheit verraten, und von oben sah die harmlose unbewaffnete *Albatros* vielleicht wie ein gefährlicher Zerstörer aus. So gab er Befehl, wo-

bei er die Tonstärke senkte, die Maschine abzustellen, und beorderte alle Mann vorsichtshalber an Deck. Köster konnte nicht ahnen, daß die *Albatros* auf den Radarschirmen der über ihnen dahinziehenden Bomber als schwacher, fluoreszierender Zacken sichtbar aufleuchtete. Hätte ihm einer diese Möglichkeit offenbart, er hätte ihn ausgelacht und ihm unmißverständlich zu verstehen gegeben, er solle kein Seemannsgarn spinnen.

Doch der Verband, bestehend aus über 150 Lancaster Bombern, kümmerte sich nicht um den kleinen Einzelfahrer, die leichtgebauten Mosquitos, die sogenannten Pfadfinder, interessierten sich mehr für die Küstenlinien und markanten Punkte. Ihre Aufgabe lautete, das Zielgebiet Saßnitz mit Leuchtfallschirmen abzustecken. Kantig hob sich die Küste der Insel Rügen auf den Radarschirmen ab, und die hellen, winzigen, grün aufleuchtenden Zeichen vor dem Hafen konnten nur auf der Reede ankernde Schiffe sein. Das sofort einsetzende Flakfeuer verzettelte sich, kein Wunder bei einem Himmel voller Flugzeuge. Nachtjäger griffen nicht ein, und so wurde das Tor zur Hölle weit aufgestoßen, als die ersten Bomben aus den Schächten torkelten.

Auf dem vor Anker liegenden Zerstörer *Z 28* rasselten schrill die Alarmglocken, und auch auf dem im Hafen vertäuten Flakschiff *Sofia* hasteten schlaftrunkene Kanoniere auf ihre Gefechtsstationen. Scheinwerfer blendeten auf. Am 27. Februar hatte der Zerstörer die *Deutschland*, ein Schwesternschiff der untergegangenen *Hansa*, von dieser Reede aus nach Gotenhafen begleitet und sie sicher wieder zurückgebracht. In den Gängen, Kabinen und Sälen saßen und schliefen jetzt über 6 000 Flüchtlinge und 1 400 teils schwerverwundete Soldaten. Das ärztliche Begleitpersonal reichte bei weitem nicht aus. Zu viele Kranke und Verwundete mußten versorgt werden. Medikamente, kaum vorhanden, wurden von den Ärzten nur gezielt eingesetzt. Verbandsmaterial ließ sich auf dem ganzen Schiff nicht mehr auftreiben. Frauen opferten ihre bis auf die *Deutschland* geretteten letzten Bettlaken, doch auch sie reichten nicht aus.

Als der tonnenschwere Anker auf der Rede vor Saßnitz aufklatschend ins Wasser rauschte, ruhten schon 100 in Papiersäcke gesteckte Leichen unter einer Persenning auf dem Bootsdeck, das von den Flüchtlingen und Soldaten nicht betreten werden durfte. Die Situation an Bord spitzte sich dramatisch zu. Kapitän Bruno Feindt wagte sich nicht auszumalen, was geschehen würde, wenn durchsickerte, daß in einem Nebenraum des eigentlichen Schiffslazaretts sechs Kinder auf Isolierstation dahinsiechten. Körperlich geschwächt, unzureichend oder falsch ernährt, boten sie den tückischen Erregern von Diphterie und Scharlach nur geringen Widerstand. Seine Hoffnung, die ihm anvertrauten, leidgeprüften Menschen umgehend und zügig vom Schiff an Land bringen zu können, mußte er angesichts einer versagenden Organisation begraben. Die Seeleute begriffen nicht, daß von ihnen ungewöhnliche Leistungen erwartet wurden, während an Land selbst kleine Probleme nicht gelöst werden konnten. Saßnitz, die ganze Insel Rügen war hoffnungslos überfüllt. Die Eisenbahn schaffte es nicht, die ankommenden Menschenmassen abzutransportieren, wohin auch noch, in einem Staat, der täglich schrumpfte. Erst am späten Nachmittag verließen die ersten Flüchtlinge, Frauen mit ihren kleinen Kindern, den großen Dampfer. Ein schwacher Hoffnungsschimmer wanderte durch die Decks, rüttelte die Geschlagenen auf. Dann aber blieben erneut die Versetzboote aus. Mit eigenen Rettungskuttern versuchte die Schiffsführung, eine provisorische Übersetzmöglichkeit zu schaffen, doch die Kapazität reichte nicht aus. Zu Tausenden warteten die Menschen ungeduldig an Bord, eingepfercht und hungrig. Viele von ihnen ergaben sich ihrem vermeindlichen Schicksal, bedauerten, geflohen zu sein. Sie wären lieber zu Hause gestorben. Mit zusammengefallenen Gesichtszügen dösten sie auf ihren Pritschen und nahmen oft nicht mehr wahr, was um sie herum an Leid geschah. Einige beteten, andere fluchten.

Die Seeleute halfen, wo sie konnten, doch das ständig anwachsende Elend stumpfte ihre Gefühle ab. Nervös trommelte Kapitän Feindt mit den Fingern auf der Schreibtischplatte, als ihm einer der drei mitfahrenden Ärzte berichtete, daß die Epidemie um sich griff und weitere Fälle isoliert werden müßten. Sie schimpften auf die Bürokraten an Land und fühlten sich schrecklich hilflos, hofften, daß bald die verwundeten Soldaten richtig versorgt würden. Die Toten auf dem Bootsdeck blieben den Blicken der meisten an Bord verborgen, aber jeder wußte von ihnen. Und die *Deutschland* lag nicht allein auf der Reede vor Saßnitz. Ähnliche Probleme gab es auf der nicht weit entfernt ankernden *Hamburg*, und *Der Deutsche* wartete ebenfalls auf Tender.

Ankerlichter brannten auf den vor Saßnitz liegenden Schiffen nicht, nur hin und wieder glimmte kurz ein Zigarettenstummel an Deck auf, obwohl Rauchen draußen untersagt war. Schlagartig verlöschten gegen 22.30 Uhr die Leuchtfeuer an der Inselküste, und gleich darauf heulten Luftschutzsirenen. Alarm auch auf den Dampfern und Fahrzeugen im Hafen und auf der Reede. Noch hofften alle, daß der Angriff nicht ihnen galt und daß die Flugzeuge weiterziehen würden. Doch jäh zerplatzten alle Hoffnungen. Leuchtfallschirme segelten behäbig vom Himmel und tauchten die dickbauchigen Schiffe in ein gespenstisch fahles Licht. Schon schlugen an Land die ersten Bomben ein, flackerten Brände auf, flog aufgestapelte Munition in die Luft, erschütterten Reihenexplosionen die Erde. Ein Höllenlärm, der die meisten Menschen betäubte und ihr logisches Denkvermögen ausschaltete. Angst schlug auch die Stärksten. Wer sich in diesem Inferno noch an Gott erinnerte, fühlte sich vielleicht nicht ganz so einsam. Der im Fährbett liegende Verwundetentransporter *Robert Möhring,* der in den ersten Kriegsjahren als Ersatzschiff im »Seedienst Ostpreußen« verwendet worden war, ging getroffen in grellroten Flammen auf. Über 350 noch an Bord befindliche verwundete Soldaten kamen in dem Flammenmeer um.

Ein Teil des Bomberverbandes änderte geringfügig den Kurs und lud die Bombenlast über der Reede ab. Heftiges Flakfeuer schlug ihm entgegen. Die beiden Zerstörer *Z 28* und *Z 29* schossen aus allen Rohren, aber ohne sichtbaren Erfolg. Die Piloten in den schweren Bombern ließen sich nicht beeindrucken und führten planmäßig ihren Angriff durch. Als die ersten Explosionen das Wasser hochrissen, klapperten auf der *Potsdam* und der *Pretoria* die Ankerspills auf Hochtouren. Nur weg von hier, dachten die Kapitäne, bevor uns die Hölle verschlingt, und gefolgt von *Z 39* unter Korvettenkapitän Loerke liefen sie aus dem grell erleuchteten Zielgebiet ab. Ihre schnelle Entscheidung sicherte ihnen das notwendige Quentchen Glück. Sie kamen noch einmal ungeschoren davon.

Z 28 aber wurde von zwei Bomben mittschiffs buchstäblich auseinandergerissen. Fregattenkapitän Carl Heinrich Lampe gab Befehl zum Verlassen des Zerstörers. Für 150 seiner Soldaten jedoch kam die Order zu spät: Sie gingen mit ihrem Schiff unter.

Auf der Brücke der *Deutschland* beobachteten Offiziere das sich abzeichnende Ende »ihres« Begleitfahrzeuges. Obwohl der Angriff weiterlief und neben den Bordwänden riesige Wasserfontänen emporzischten und klatschend in sich zusammenfielen, leiteten sie sofort geeignete Rettungsmaßnahmen ein. Schnell bemannt legten Boote von dem Dampfer ab. Kraftvoll warfen sich die Seeleute in die Riemen und trieben die unhandlichen Rettungsfahrzeuge vorwärts. Vor ihnen kämpften Menschen verzweifelt mit dem Tod, da mußte die eigene Furcht überwunden werden. Es gelang ihnen, viele der im Wasser und im ausgelaufenen Öl schwimmenden Seeleute aufzufischen und an Bord ihres eigenen Schiffes zu bringen. Die *Deutschland* wurde nicht getroffen, ihr Leben endete kurz vor Kriegsschluß in der Neustädter Bucht. Auch die neben ihr ankernde *Hamburg* blieb unbeschädigt wie *Der Deutsche*. Ein Wunder, das sich keiner erklären konnte, aber jeder dankbar hinnahm.

Mit gestoppter Maschine lag immer noch die winzige *Albatros* am Rande des Weltgeschehens, als suchte diese grausame Inszenierung einen Zeitzeugen. Als die ersten Leuchtfallschirme wie Christbäume herabschwebten und das Licht der Sterne überdeckten, Magnetminen klatschend im Wasser versanken, als hätte es sie nie gegeben, fühlte Hein Köster eine krampfhafte Leere im Bauch.

»Die Amerikaner landen auf Rügen«, behauptete Jens Jensen. Willi Asmussen schlug vor, sofort umzudrehen und zurück nach Rostock zu laufen, doch Köster winkte ab. Er wollte Zeit gewinnen und keinen Fehler begehen. Asmussen, Scheer und Jensen konnten gut reden. Die Verantwortung aber würde keiner von ihnen übernehmen, keiner, und er fürchtete sich vor dem Volksgerichtshof mehr als vor anderen Gefahren.

Nach einer guten Stunde kehrte Ruhe ein. Der aufgelockerte Bomberverband verschwand in Richtung Westen. Die angespannte Stimmung auf der *Albatros* legte sich, und Kösters Unbehagen wich. Einlaufen kam nicht in Frage. Von See her und aus dieser Entfernung ließ sich beim besten Willen nicht ermitteln, wie es im Hafen überhaupt aussah. Köster beschloß, Tageslicht abzuwarten. Auf flachem Wasser, dicht unter der zerklüfteten Küste, warfen sie Anker. Schlafen konnte keiner von ihnen. Schweigend blieben sie fröstelnd an Deck und starrten hinüber auf das brennende Saßnitz.

Die fahle Morgensonne färbte die langgestreckten Wolkenfelder violett. Asche regnete vom Himmel. Neben der *Albatros* dümpelte eine Möwenschule in der leichten Dünung. Nach gemeinsam eingenommenem Frühstück, es gab Kommißbrot, Margarine, Kunsthonig und Mettwurst, hievten sie den Anker. Langsam setzte sich der kleine Dampfer in Bewegung, und vorsichtig navigierend brachte Hein Köster das Fahrzeug an den großen Überseepötten vorbei in den Hafen. Die Trümmerfelder und Öllachen auf der Reede legten von der Wucht des Angriffs beredtes Zeugnis ab. Köster entdeckte einige ölverschmierte, in Schwimmwesten hängende Leichen. Er hätte sie geborgen, wenn nicht schon andere kleine hölzerne Fahrzeuge dabeigewesen wären, sie mit langen Bootshaken längsseits zu holen. Dicke Möwen balancierten erwartungsvoll auf schwimmenden Kisten. Sie fanden einen reich gedeckten Tisch vor.

Noch immer brannte die *Robert Möhring*. In den Augen beißende Rauchwolken zogen schwer über den Hafen und behinderten die Aufräumarbeiten. Köster entdeckte schließlich noch ein kleines Plätzchen zum Anlegen, und umgehend begab er sich an Land, um die *Albatros* einsatzbereit zu melden.

Auf der Suche nach der richtigen Dienststelle hämmerte unvermittelt ein Maschinengewehr los. Kugeln frästen sich in Mauern und Ziegelschutt. Köster sah sich erstaunt um, begriff schnell und warf sich in den Dreck. Die Garbe fegte direkt auf ihn zu. Sein Puls raste. Der verdammte Moses, war sein erster Gedanke. Ihm fiel der Fliegerangriff in Rostock ein, als der Schiffsjunge aus nicht nachvollziehbaren Gründen mit der auf der Back montierten Waffe losgeballert und dabei die Fenster des gegenüberliegenden Wohnhauses in Scherben gelegt hatte. Schlimmeres war zum Glück für alle Beteiligten nicht passiert, und Köster dachte nicht daran, den unrühmlichen Vorfall zu melden. Nach dieser mißglückten Schießübung mied der Moses die Waffe. Die anderen Besatzungsmitglieder übersahen das Maschinengewehr sowieso. Ausnahmsweise kam diesmal der Schiffsjunge als Schuldiger nicht in Frage. Aus unerklärlichen Gründen, ausgelöst vielleicht durch die abnorme Hitzeentwicklung an Deck, hatte sich eines der automatischen Gewehre auf der *Robert Möhring* selbständig gemacht, bis der Gurt leergeschossen war und keine Patronen mehr hergab. Köster blieb ein paar Minuten länger als notwendig auf der Erde liegen. Erst als die Knallerei sich nicht fortsetzte, erhob er sich vom Boden.

In den ersten Stunden schien es fast unmöglich zu sein, im Hafengebiet einen Verantwortlichen zu finden. Die meisten Soldaten beteiligten sich an gleichzeitig ablaufenden Rettungsaktionen. Auf dem völlig zerstörten Bahnhof ragten aus den Schienen gehobene Waggons in die Luft, die meisten bis auf das Eisenskelett ausgebrannt. Überall loderten noch Flammen. Als Köster die Suche schon aufgeben wollte, fand er doch noch einen Marineoffizier, der sofort im Bilde war und etwas mit dem Namen *Albatros* anzufangen wußte: »Endlich kommen Sie! Wir warten schon seit Tagen. Wo zum Teufel haben Sie eigentlich gesteckt?«

Köster setzte zum Sprechen an, aber sein quirliger Gesprächspartner ließ ihn nicht zu Worte kommen. Er sah ihm fest in die Augen, und Köster fürchtete, er würde gleich von Volk, Führer und Vaterland sprechen, aber nein, ihn drückten andere Sorgen: »Auf der Reede liegt seit Tagen die *Deutschland*, vollbepackt mit Flüchtlingen. Eine Seuche ist an Bord ausgebrochen. Der Kapitän jammert mir die Ohren voll, kann ich verstehen, und nun diese verfluchte Schweinerei! Das ist Verrat! Wohin mit den Menschen? Hier ist doch kein Haus mehr heil, kein Bett frei. Wie zum Teufel sind Sie überhaupt hergekommen, oder können Sie fliegen?«

Hafen von Saßnitz

Erneut versuchte Köster zu antworten, doch der Offizier wischte mit einer fahrigen Handbewegung jeden möglichen Einwand fort: »Das ganze Gebiet ist doch total verseucht, jeder Schiffsverkehr untersagt. Die Minen liegen auf der Reede so dicht wie Kartoffeln auf einem Acker! Die können ja schon hochgehen, wenn einer nur 'nen Priem ins Wasser spuckt.« – Halt suchend griff Hein Köster um sich. Er empfand wieder dieses komische Gefühl in der Magengegend. Der junge Oberleutnant, dem die Spuren der vergangenen Nacht noch deutlich im hageren Gesicht geschrieben standen, grinste breit über beide Backen und klopfte ihm aufmunternd auf die Schultern. »Ist ja alles gut gegangen. Sie haben wahrscheinlich ein Glücksschwein an Bord. Im Augenblick können wir nichts unternehmen. Erst muß die Reede gesäubert werden. Sie bekommen rechtzeitig Bescheid von mir!«

An Bord zurückgekehrt, wich Köster den Fragen der anderen Besatzungsmitglieder aus. Der Schock, durch ein Minenfeld gefahren zu sein, steckte ihm in den Gliedern. Das mußte allein verarbeitet werden, dabei konnten ihm die anderen nicht helfen. Er stellte sich die Frage, ob das auch Rautell passiert wäre, fand aber keine Antwort, so daß ein Rest von Zweifel blieb. Am späten Nachmittag lehnte er neben Asmussen am Ruderhaus. Boote legten ab, fuhren hinaus und kamen beladen mit Menschen zurück. Eine Militärkolonne sammelte sich und marschierte müde ab. Von ihrer Position aus konnten sie die Reede überblicken, wo die *Hamburg* gerade ihren Ankerplatz wechselte. Wenn das man gut geht, dachte Köster, denn es fielen ihm die warnenden Worte des Oberleutnants ein.

Mitten in das harmlose Manöver hinein erschütterten zwei heftige Explosionen den für den Nordatlantikdienst der Hapag gebauten Renner, ein Schwesterschiff der neben ihr ankernden *Deutschland* und der am Tag zuvor gesunkenen *Hansa*. Wasserfontänen zischten an der steilen Bordwand empor und überschütteten die Menschen an Deck mit Gischt. Zwei Minen hatten den stählernen Schiffsboden aufgerissen. Ungehindert konnte sich das einströmende Wasser ausbreiten. Vergebens arbeiteten die Pumpen, die Schotten brachen, und langsam legte sich der sterbende Riese auf die Seite und kenterte. Durch das Fernglas beobachtete Köster, wie ein Mann von der hochaufragenden Schiffsseite nach einem unfreiwilligen Salto auf die Wasserfläche aufschlug.

Unzählige Boote strebten sofort zur Unfallstelle, um die Schiffbrüchigen zu übernehmen. Nicht weit von dem Liegeplatz der *Albatros* entfernt legten sie an und luden ihre Lasten ab. Einer der Überlebenden näherte sich zielstrebig dem kleinen Flensburger Dampfer. Hein Köster erkannte den Mann sofort: So ging nur Adolf Stamm aus Flensburg. Den Schock hatte er schon überwunden und wechselte zufrieden seine pitschnassen Kleider gegen trockene, die ihm Köster gab. Auf die Frage, ob er der tollkühne Springer war, der mit einem Salto von Bord ging, grinste Adolf zustimmend.

Die Tage vergingen. Weitere Luftangriffe erfolgten zum Glück nicht. Die Katastrophe war auch so schon groß genug. Mit Rettungsbooten und eilends herangeführten kleinen hölzernen Fischkuttern errichtete der Hafenkommandant eine Notlinie zu den auf der Reede liegenden Schiffen. Für alle anderen Fahrzeuge galt weiterhin das Auslaufverbot. Minenräumer kämmten gründlich die Reede durch, und es zeigte sich an den vielen Explosionen, daß die Engländer ganze Arbeit geleistet hatten. Auf der *Deutschland* mußte nun auch das Trinkwasser rationiert werden.

Nach getaner Arbeit zogen die Minensuchboote der Kriegsmarine weiter, sie wurden an anderer Stelle dringend gebraucht. Die *Albatros* erhielt ihren ersten Einsatzbefehl vom Oberleutnant zur See: »Holen Sie die Toten von der *Deutschland*.« Köster schluckte schwer, wollte einwenden, daß sie dafür nicht gerüstet seien, doch der Offizier winkte entschlossen ab. Wo kämen wir hin, wenn jeder nur das machen würde, wozu er Lust verspürte, meinte er stirnrunzelnd, aber keineswegs verärgert. Vorsichtig näherten sie sich der *Deutschland*. Es konnte ja sein, daß die Minenräumer eines der verdammten Teufelseier nicht gefunden hatten. »Wenn Du nachher reklamierst, ist es zu spät«, gab Willi Asmussen zu bedenken und zog es vor, an Deck zu bleiben. Doch alles ging gut, nur in der Ferne explodierte eine Mine. Bald darauf senkten sich 81 in Papiersäcke gesteckte Leichen vom hohen Bootsdeck des Zweischornsteiners herab. Ein paar in Saßnitz eingestiegene Sanitäter nahmen sie auf der *Albatros* entgegen. Problematischer erwies sich das Ausladen der Toten. Schließlich übernahmen Boote von der Wasserseite her im Hafen die Leichen und brachten sie an Land, wo sie in Saßnitz in großen Gräbern zur letzten Ruhe beigesetzt wurden.

Für die Männer der *Albatros* brach eine harte Zeit an. Solange das Tageslicht reichte, pendelten sie zwischen den Ankerliegern und ihrem Platz im Hafen hin und her. So allmählich lichteten sich die Räume auf den Ozeanriesen. Doch erst am 15. März konnte Kapitän Bruno Feindt sein Schiff auslaufbereit melden und erhielt Order, sofort nach Gotenhafen zu laufen. Am gleichen Tag fiel auch die Entscheidung über den weiteren Einsatz des Fördedampfers. Er wurde dringend in Swinemünde gebraucht. Zwar wollte der II. Maschinist noch etwas an Land erledigen, aber Köster gönnte der Besatzung keine Verschnaufpause. Als sie an der *Deutschland* vorbeidampften, zog er an der Pfeife, und Kapitän Feindt antwortete auf dem Atlantikliner mit dem mächtigen Typhon. Dreimal brüllte es auf, Dank, Anerkennung und Abschiedsgruß zugleich für den unscheinbaren Dampfer, der auf südlichem Kurs liegend in Richtung pommersche Küste verschwand.

Als Tender vor Swinemünde

Von Westen her zogen unaufhaltsam dichte Wolkenfelder über den verwaschenen Horizont. Spielend trieb der Wind sie weiter, verdunkelte den Tag. Bald harkten die ersten heftigen Regenschauer über die See. Die Möwen flogen landeinwärts.
Rund 50 Schiffe ankerten auf der Reede vor Swinemünde und boten ein eindrucksvolles Beispiel für die schöpferische Kraft europäischer Schiffbauer der letzten sechs Jahrzehnte. Alles, was auf einem Kiel schwamm und geeignet schien, Menschen und Material zu transportieren, lag gleichmäßig vom Wind ausgerichtet und dümpelte im leicht bewegten Wasser. Diese Ostsee-Armada setzte sich aus kleinen Küstenmotorseglern aus Ostfriesland zusammen, auf denen der Schipper noch gemeinsam mit seinen Leuten morgens betete. Rostige Tramps aus Stettin und Elbing stießen pechschwarzen Qualm aus ihren brüchigen Schornsteinen, der über die schnellen Motorschiffe wehte, die vor dem Krieg Bananen aus Ostafrika geholt hatten und nun als Sperrbrecher und ausrangierte Hilfskreuzer ihren Dienst versahen. Verlassen und vergessen verrotteten Frachter mit kalter Maschine und kalter Kombüse. Wie Inseln im Strom ragten die großflächigen früheren Ozeanriesen heraus. Seit dem 6. März wartete die *San Martin* zuerst auf Trinkwasser, dann auf Öl, schließlich mangelte es an Proviant, so verging die Zeit. Gähnende Leere in den Kohlebunkern mancher Dampfer. Gefesselt lagen sie an ihren Ankern und konnten nicht zurück nach Gotenhafen und Hela, um mehr Menschen aus der Hölle zu retten. Die Organisation, die sechs Jahre lang einen unvorstellbaren Materialkrieg in Gang gehalten hatte, brach im Kollaps zusammen.
Vorsichtig manövrierte Hein Köster seine *Albatros* durch das Gewirr der Ankerlieger zur Ansteuerungstonne. Die Scheiben im Ruderhaus beschlugen. Neben ihm lehnte Willi Asmussen und nuckelte an seiner Stummelpfeife. An der Silhouette erkannte Köster eines der Flugsicherungsboote wieder, mit dem sie zusammen in Hexengrund gelegen hat-

ten. Unbewußt schüttelte er den Kopf. Willi entging die Bewegung nicht, und er fragte: »Was ist, Hein?« Köster wollte ausweichen, unterließ es aber und sagte nachdenklich: »Ich habe überlegt, wie lange es her ist, daß wir Hexengrund verlassen haben.«
»Und?«
»Nichts und; aber es müssen Jahre vergangen sein!«
Willi drehte sich zu ihm um und tippte mit dem Finger auf seine Brustmitte: »Das ist es nicht, Hein, wir sind nur um Jahre gealtert!«
Es schien Köster, als ob Thorsten Rautell neben ihm stände und sie wieder Pillau verließen. Nur, damals glaubte er nachsichtig grinsen zu können, als sein alter Kapitän bemerkte: »Jetzt zählt jederr Tag ein Menschenjahr!« Rautells Entschluß, die *Albatros* in Travemünde zu verlassen, hatte er mißbilligt. Inzwischen wußte er nicht mehr, wie er an gleicher Stelle gehandelt hätte. Die zunehmende Verantwortung beugte seine Schultern.
Sie passierten die alte Leuchtbake auf der Ostmole und hielten sich nahe an den roten Spierentonnen, um das Hauptfahrwasser den schnellen Booten der Kriegsmarine zu überlassen, die mit Braßfahrt an ihnen vorbeizogen. Keiner kümmerte sich mehr um die Seestraßenordnung. Daß trotzdem wenig Schaden angerichtet wurde, bewies einmal mehr, wie überflüssig viele Bestimmungen sind.
Von dem schweren Luftangriff auf Swinemünde wußten sie, in Saßnitz hatte es kein anderes Gesprächsthema gegeben. Aber was die Männer der *Albatros* jetzt zu sehen bekamen, verschlug ihnen die Sprache. Das Swinemünde, das sie kannten, gab es nicht mehr. Gesunkene Frachter am Bollwerk blockierten die Anlegeplätze, unter ihnen der noch nicht ganz fertiggestellte Frachter *Tolima*, vollgepackt bis unter die Lukendeckel mit wertvollen Maschinen der Lindenau-Werft. Schon im Sommer 1944 hatten die Memeler ihre Werft aufgegeben und in Königsberg einen Notbetrieb errichten müssen. Gekentert zeigte die am Eichstaden liegende *Cordillera* der Hapag einen Teil ihres mit kleinen Muscheln und Algen bewachsenen Unterwasserschiffes. Auf dem Levante-Dampfer *Andros* waren 570 Menschen ums Leben gekommen. Die Brände an Land schwelten noch. Die Toten dieses Angriffes zählte niemand. Der Luftangriff war am 12. März gegen Mittag mit für die Bevölkerung ungewohnter Heftigkeit erfolgt. Über 700 vielmotorige Bomber hatten ihre

todbringenden Lasten über der Stadt und dem Hafen abgeladen. Die Erde hatte gebebt, das Leben den Atem angehalten. Mit viel Glück und Geschick war *Z 34* unter Korvettenkapitän Hetz der Vernichtung entgangen. An einer Dalbengruppe in der Kaiserfahrt hatte der Schwere Kreuzer *Lützow* auf den nächsten Einsatz gewartet. Seine Geschütze hatten geschwiegen und nicht in den Pulk der angreifenden Flugzeuge geschossen, die durch eine feste Wolkendecke gegen Sicht geschützt mittels Radar ihr grausames Kriegshandwerk vollbracht hatten.

An Land und in den Hafenbecken liefen die Aufräumungsarbeiten noch, als die *Albatros* von See kommend in die Swine einbog und Köster nach einem geeigneten Liegeplätzchen Ausschau hielt. Am Kaiserbollwerk hatten die Bomben einen abfahrtbereiten, vollbesetzten Eisenbahnzug erwischt. Umgeworfene, ausgebrannte und aus den Schienen gehobene Waggons erschwerten die Bergung der Leichen. Erschüttert blickten die Männer an Deck auf das Chaos. Über den Ruinen lagerte eine süßlich riechende Wolke.

Kaum lag das Schiff an der Pier, als auch schon ein Marineoffizier auf einem verrosteten Fahrrad auftauchte und sie freudig begrüßte: »Fein, daß Sie hier sind. Ich heiße Müller, Franz Müller, und soll mich um Sie kümmern. Sie müssen der Kapitän sein, gell? Na fein, am besten wird sein, wenn Sie sofort wieder auslaufen. Seit Tagen liegt draußen die *Goya*. An Bord befinden sich über 300 Schwerverwundete.«

Köster wollte einwenden, daß sie gerade erst angekommen seien, und den umgänglichen Herrn mit den unkriegerisch wirkenden Fahrradspangen an den Hosenbeinen zum Schnaps einladen, aber er unterließ es und nickte nur.

»Fein, dann bemühe ich mich um den Weitertransport. Wenn Sie Probleme haben, sagen Sie mir Bescheid, gell?«

Ohne Antwort abzuwarten, radelte er weiter. Hein Köster, seit Saßnitz ununterbrochen oben auf der Brücke, blickte kurz auf die Uhr, rechnete im Kopf und meinte, daß sie noch eine Fuhre schaffen könnten.

»Was soll ich ins Schiffstagebuch schreiben?« wollte der Inspektor wissen, als sie ablegten.

»Was schon? Angekommen, festgemacht, losgemacht und abgelegt! Genügt das nicht?«

»Wenn das später einer liest, wird er sich wundern.«

»Möglich, aber wer wird das lesen wollen, wenn der Krieg vorbei ist?«
»Das ist wahr!«
Als sie ausliefen, nahmen sie keine Rücksichten mehr auf mögliche Geschwindigkeitsbeschränkungen. Mit 120 Schraubenumdrehungen preschte die *Albatros* mit rauschender Bugwelle am Bollwerk und den auf Grund aufsitzenden Frachtern entlang der freien See zu, gefolgt von einem Schwarm lärmender Möwen über dem Kielwasser.
Dicht neben der Ansteuerungstonne ankerten die ersten Dampfer. Obwohl das Motorschiff *Goya* öfter in der Danziger Bucht als Zielschiff für die in Ausbildung befindlichen U-Boot-Besatzungen umhergekreuzt und von Hein Köster mehr als einmal in Augenschein genommen worden war, erkannte er sie kaum wieder. Das einst tiptop in Farbe gehaltene schnelle neue Schiff mit dem bizarren Tarnanstrich hatte sich äußerlich stark verändert. Es sah jetzt eher nach einem alten Tramp aus, dessen Reeder für den Unterhalt des Schiffes keinen Heller ausgeben wollte oder konnte. Mit einem unter anderen Umständen bewundernswerten

Hafen von Swinemünde

Anlegemanöver brachte Köster die kleine *Albatros* längsseits des in Norwegen gebauten Frachters. Ein paar übergeworfene Pfänder sollten Beschädigungen auf beiden Seiten nach Möglichkeit vermeiden. Die *Albatros* schützte außerdem eine verhältnismäßig dicke Walschiene.

»Bravo, bravo«, hörte Köster über sich eine markante Männerstimme, aber er fand keine Zeit aufzuschauen. Dichtgedrängt wie Heringe standen auf der *Goya* die Menschen. Sie winkten ihnen zu, voller Erwartung. Obwohl nur eine schwache Brise aufmuckte, erschwerte eine kurze, unangenehme Dünung die Arbeit auf der Reede. Gelegentlich befürchtete Köster beim heftigen Einrucken in die beiden langen Festmacher, daß ihm die Poller von Deck gerissen würden, und das hätte ihm gerade noch gefehlt. Paß bloß auf die Trossen auf, wollte er Jensen auf der Back zurufen, aber zu spät. Eine der beiden dicken Leinen brach, und Jensen warf sich zum Glück gedankenschnell platt hinter das Ankerspill. Wie ein Peitschenhieb sauste die Leine durch die Luft und schlug gegen einen Reelingstützen, der umknickte, als wäre er aus Gummi.

»Das hätte leicht ins Auge gehen können«, hörte Köster wieder die Stimme über sich, und er erinnerte sich an das »Bravo« beim gelungenen Anlegemanöver. Mit weit in den Nacken gebeugtem Kopf konnte er undeutlich ein blasses Gesicht unter einer blauen Schirmmütze ausmachen. Mehr gab die hochgezogene Brückennock nicht frei. Der Mann oben wußte auf jeden Fall, wovon er sprach. Gebrochene Trossen hatten mehr Seeleute umgebracht als gebrochene Herzen. »Was kann ich für Sie tun?« bot Köster seine Hilfe an. Schwierigkeiten gab es auf jedem Schiff in dieser Zeit. »Mein Name ist Plünnecke. Wir haben hier ein paar Probleme. Könnten Sie zu mir kommen?«

»Tut mir leid, aber das geht nicht«, schrie er zurück in Richtung Nordstern und benutzte beide Hände als Sprachrohr, »Sie sehen ja, hier wird jede Hand gebraucht!«

Und richtig, im gleichen Augenblick senkte sich die erste Hieve mit Schwerverwundeten von der *Goya* herab. Die Männer auf der *Albatros* nahmen unten die Palette in Empfang, hakten den Renner aus und kümmerten sich sofort um die Menschen. Die nicht Gehfähigen trugen sie auf die vorbereiteten Liegeplätze. Beim Anblick der blutdurchtränkten, mitunter übelriechenden Verbände mußten sie die Zähne zusammenbeißen. Trotzdem fanden sie Gelegenheit zu einer freundlichen Geste.

Otto Plünnecke, der Kapitän des Frachters, sah ein, daß sich der Schiffer des kleinen Dampfers nicht von Bord entfernen konnte. Er holte eine Flüstertüte und fragte nach Proviant. Doch die *Albatros* brauchte selbst Lebensmittel. Ihre Vorratsräume boten für eine Lagerhaltung keinen Platz.
Besonders frischer Proviant und Gemüse mußten laufend ergänzt werden. Solange sie in Hexengrund gelegen und täglich an Land hatten einkaufen können, hatte es keine Engpässe an Bord gegeben, doch diese angenehmen Zeiten gehörten schon der Erinnerung an. Jensen hoffte, in Swinemünde frisches Fleisch und Wurst aufzutreiben. Fraglich allerdings, ob die ansässigen Schiffshändler überhaupt noch Waren anboten. Köster versprach, sich darum zu kümmern, sobald sie wieder im Hafen wären. Sonst muß die Marine aushelfen, dachte er.
Nachdem alle Liegeplätze vergeben waren und Verwundete nicht mehr untergebracht werden konnten, durften noch rund fünfzig Frauen mit ihren Kindern an Bord. Anschließend wurden die Festmacher gelöst, und mit leichter Schlagseite dampfte die *Albatros* zurück nach Swinemünde. Als sie ihren zugeteilten Liegeplatz ansteuerten, atmete Köster erleichtert auf: Sanitätswagen standen bereit, um ihre Schwerverwundeten abzutransportieren. Aber alles, was in der Eile aufgetrieben werden konnte, bestand aus einem Sack Haferflocken. Sie brachten ihn trotzdem noch zur *Goya*.
Unter den 3 000 Flüchtlingen, die sich auf dieser Reise von Gotenhafen an Bord der *Goya* befanden, war auch Charlotte Dölling. Am 13. März traf die *Goya* auf der Reede vor Swinemünde ein, aber infolge des schweren Luftangriffes und der Zerstörung der wichtigen Hafenanlagen konnte das Schiff nicht einlaufen und mußte draußen ankern. In ihr Tagebuch schrieb Charlotte Dölling: »Unsere Zuversicht sinkt, vor allem, weil immer mehr Schiffe auftauchen, und alle bringen Flüchtlinge. Wir bieten ein wunderbares Angriffsziel für feindliche Flugzeuge und U-Boote. Die Zustände auf dem Schiff sind katastrophal. Die Verpflegung ist ausgegangen. Zum Schluß der langen Reise eines kurzen Weges gab es Haferflocken.«
Im offiziellen Sprachgebrauch tauchte die Bezeichnung ›Flüchtlinge‹ nicht auf, es handelte sich lediglich um Volksgenossen, die ›vorübergehend zurückgeführt werden‹ mußten. Die Männer der *Albatros,* vom

Moses vielleicht abgesehen, gaben sich keinen Illusionen hin: Der Krieg konnte nicht mehr gewonnen werden. Doch sie dachten auch an den desertierten Rolf Bertram, den Berliner mit der frechen Schnauze »Eher det ick mir meine Riebe abhacken lasse, eher jlobe ick am totalen Sieg!« In diesen Tagen sprachen sie öfter über ihn, aber keiner glaubte, daß er den Einmarsch der Roten Armee lebend überstanden haben könnte.

Am 23. März verließ der Schwere Kreuzer *Lützow* seinen Liegeplatz in der Kaiserfahrt, um mit seiner schweren Artillerie in der Danziger Bucht eingesetzt zu werden. Wenn sie auch die Russen nicht aufhalten konnten, so gaben sie den kämpfenden Truppen doch das Gefühl, nicht ganz allein auf sich gestellt zu sein. Als das mächtige Kriegsschiff an der *Albatros* vorüberzog, standen die Männer andächtig an Deck, bis Willi Asmussen trocken bemerkte: »Jetzt haut der auch noch ab, bald sind wir alleine!« Doch sie fanden wenig Zeit, länger über die veränderte Lage nachzudenken. Die *Goya* und die anderen Frachter auf der Reede warteten auf sie und nicht auf die *Lützow*. Und so karrte der Tender unermüdlich von frühmorgens bis spät in die Nacht hinein zwischen Hafen und Reede hin und her. Am nächsten Tag, ein leichter, diesiger Schleier schwebte über dem Wasser und bot Schutz vor Tieffliegerangriffen, verließ die *Goya* ihren Liegeplatz, um weitere Flüchtlinge aus Gotenhafen abzuholen, begleitet von den besten Wünschen Kösters. Die beiden Kapitäne verstanden sich gut. Es fehlte lediglich die Zeit, um Freundschaft zu schließen. Köster sah dem Schiff nach, bis es im Dunst des Abschied nehmenden Tages verschwand.

Mit Schwerverwundeten nachts nach Stralsund

Bevor sie zur letzten Fahrt an diesem Tag aufbrachen, es dunkelte schon auf der Reede, erschien der Marineoffizier – wie immer auf seinem alten Fahrrad – an der Anlegestelle der *Albatros*. Er kam nicht erst an Bord, sondern blieb neben seinem Drahtesel stehen. Seine Stimme klang harmlos, als wäre es das Selbstverständlichste von der Welt: »Bringen Sie doch bitte den nächsten Verwundetentransport gleich nach Stralsund. Das macht Ihnen doch nichts aus, gell?« Köster und der Inspektor beurteilten die Aufgabe gleich schwierig. Sie stellte hohe Anforderungen an ihr nautisches Können. Das enge, unbefeuerte Fahrwasser zwang zu ungewöhnlichen Maßnahmen, die schon in der Viehfahrt nach Dänemark in den ersten Kriegsjahren erfolgreich erprobt worden waren. Beide hockten über den Seekarten vom Greifswalder Bodden. Jeder rechnete für sich die zu steuernden Kurse aus, maß mit dem Zirkel die zurückzulegenden Distanzen und setzte sie in entsprechende Zeiten um. Das nur durch wenige Pricken gekennzeichnete Fahrwasser bot erhebliche Schwierigkeiten. Keiner garantierte, daß auch noch alle Seezeichen den winterlichen Eisgang überlebt hatten. Die beiden Nautiker verglichen ihre Rechenkünste. An der Arbeit selbst war nichts auszusetzen. Kurz vor Einbruch der Dunkelheit verließen sie die Reede und nahmen Kurs auf den Bodden. Das Stöhnen der Verwundeten drang mitunter bis auf die Brücke. Köster beobachtete aufmerksam den Himmel, ein bißchen Mondschein konnten sie heute gut gebrauchen. Und der Mond drückte sein Licht durch die Wolkendecke. Im flimmernden Strahl entdeckten sie die ersten Pricken, gewärtig, jederzeit auf eine der vielen von den Engländern abgeworfenen Minen zu laufen. Hier konnte in den letzten Wochen kaum geräumt worden sein.
Kursänderung auf Kursänderung erfolgte, gefahren nach der angefertigten Tabelle und nach der Stoppuhr. Plötzlich schob sich eine dunkle Wolke vor die helle Himmelsscheibe. Sofort versank die Welt in tiefste Finsternis. Jede Fahrtveränderung mußte vermieden werden, um die ganze Marschtabelle nicht in Unordnung zu bringen und wertlos zu ma-

chen. Für die beiden Nautiker auf der Brücke gab es nur eine Losung: Weiter mit 10 Knoten durch die Nacht, weiter, weiter, vielleicht half ihnen das Glück.

»Backbord! Mehr Backbord! Da ist sie ja«, seufzte Köster, als er das Seezeichen entdeckte, an dem sie fast entlangschrammten.

»Kurs 210 Grad; fünf Minuten!«

Die Zeit tropfte durch das Stundenglas. Nichts zu sehen. Köster legte das Nachtglas zur Seite und fragte den Ausguck auf der Back, ob er die Pricke sehen könne. Doch der dick vermummte Jensen verneinte und fügte hinzu: „Es ist finster wie im Arsch der Welt!«

»Fünf Minuten 'rum«, bemerkte ruhig der Inspektor und hielt die Stoppuhr an. Doch nichts in Sicht, vielleicht gab es die Pricke gar nicht mehr. Egal, sie mußten Kurs ändern: »290 Grad; vier Minuten!«

Der am Ruder stehende Inspektor wiederholte kurz die neue Anweisung und brachte das Schiff in die angegebene Richtung. »290 Grad liegen an!«

Jetzt hieß es warten und hoffen. Köster hörte nur mit einem Ohr hin. Irgend etwas stimmte nicht. Er spürte es unter den Füßen, das Schiff zitterte leicht. Wieviel Wasser floß noch zwischen Grund und Kiel? Eine

Greifswalder Bodden
Ein schwieriges Fahrwasser, besonders bei Nacht und Nebel

Handbreit oder vielleicht schon weniger ... Warum zum Teufel mußte sich gerade jetzt der Mond verstecken? Dunkel die Nacht, schwarz die See, keine Pricke, kein Lichtzeichen, nichts, absolut nichts. Sie befuhren einen verlassenen Planeten, die Menschen hatten sich ausgelöscht.
»Vier Minuten 'rum«, hörte Köster den Inspektor sagen, und das Klakken der Stoppuhr folgte: Zeit, den Kurs zu ändern, aber er kam nicht mehr dazu. Die *Albatros* steckte schon mit dem Bug im Schlick und saß fest.
»Maschine stop!«
Schluß, Ende der Nachtfahrt!
Willi Asmussen tauchte aus seinem Maschinenraum auf, um sich an Deck die Beine zu vertreten, wie er nebenbei bemerkte. In Wahrheit trieb ihn die Neugierde nach oben. Als er gegen Köster stieß, fluchte er und stellte fest, daß es keinen Sinn habe, weiterzufahren. »Wenn wir nicht genau wissen, wo wir sind, sollten wir warten, bis es hell wird.«
Der Willi soll sich um seine Maschine kümmern und die Nase nicht laufend in meine Angelegenheiten stecken, ärgerte sich Köster, aber was Willi sagte, stimmte, und so antwortete er nicht, sondern trat an den Kartentisch, um die letzten gesteuerten Kurse mit den Zeiten und den zurückgelegten Distanzen zu vergleichen. Er glaubte, den Fehler gefunden zu haben. Sie hatten immer etwas länger gebraucht als vorausberechnet. Das konnte nur heißen, daß Strom gegenan setzte. Schließlich tippte er mit der Zirkelspitze auf einen Punkt in der Karte und sagte bestimmt: »Und hier stecken wir! Diese Unterwassernase ist so gut wie ein richtiger Leuchtturm. Wenn wir freikommen, finden wir auch weiter.«
Irritiert blickten sich Asmussen und der Inspektor an, schwiegen aber, schließlich führte er das Schiff und nicht sie. Warum sie aber unbedingt weiterfahren sollten, sahen sie nicht ein. Ein paar Stunden Schlaf würden allen gut tun. Einer der beiden mitfahrenden Sanitäter erschien oben auf der Brücke und wollte wissen, ob etwas passiert sei. Seine Stimme klang besorgt. Köster beruhigte den jungen Soldaten: »Es ist nichts, wir parken nachts immer so in fremden Gewässern!«
Nur mit Mühe verkniff sich der Inspektor ein lautes Lachen, und auch Willi Asmussen feixte in sich hinein. Typisch Hein, dachte er, immer noch schmunzelnd, und sehnte sich nach seiner Pfeife. Doch hier oben durfte er sie während der Dunkelheit nicht anzünden, denn das kleinste Lichtlein konnte sie verraten und feindliche Flugzeuge heranlocken. Ob-

wohl Willi bezweifelte, daß ein Flieger aus großer Höhe die rotglühende Asche im Pfeifenkopf überhaupt ausmachen konnte, meuterte er nicht gegen die Vorsichtsmaßnahme.

Als Willi den jungen Sanitäter außer Hörweite glaubte, wollte er auf die Parksitten der *Albatros* näher eingehen, doch er kam nicht dazu. Der zweite Sanitäter, ein alter Landsturmmann, tauchte oben auf und teilte Köster mit, daß einer der Bauchschüsse im Sterben liege.

Der Landsturmmann fand sich im Dunkeln nicht zurecht und stolperte schließlich über den Türsockel. Köster ärgerte sich. Bauchschüsse, einer der Bauchschüsse. Jeder Mensch hat doch einen Namen! Er wollte aufbegehren, den alten Sanitäter zurechtstutzen.

Statt dessen legte er ihm die Hand auf die Schulter und schickte ihn wieder nach unten an seine Arbeit.

Nicht um alles in der Welt wollte er mit ihm tauschen. Zu viele starben inzwischen auf der *Albatros,* und nicht immer trugen sie eine Erkennungsmarke oder sonstige Ausweise bei sich. Aus dem fröhlichen Sonntags-Bäderdampfer war ein Totenschiff geworden. In der ersten Zeit hatte er noch die Namen der an Bord Gestorbenen im Schiffstagebuch erwähnt, wie vorgeschrieben mit Datum und Uhrzeit, aber seit acht oder zehn Tagen weigerte er sich. Ihm wurde die Liste zu lang. Die Entscheidung fiel dem bedächtigen Flensburger nicht leicht, aber mit jedem Namen, den er in das Totenregister der *Albatros* eintrug, nahm er Anteil an einem menschlichen Schicksal.

»Ich kann nicht mehr«, vertraute er Willi an, als sie nach einer schlimmen Fahrt in Swinemünde an der Pier lagen, »es ist, als ob ich sie zum Tode verurteile.«

Verständnisvoll nickte Willi und schenkte ihm ein Glas Kognak ein. Seit dieser Reise wurde auf ihrem Schiff nicht mehr gestorben.

Köster erinnerte sich wieder an seinen alten Kapitän Rautell und seine Worte, daß jetzt jeder Tag ein Lebensjahr kostet. Wie recht er hat, dachte Kösters. Er entschloß sich weiterzufahren, es jedenfalls zu versuchen. Wie zum Hohn trat der Mond voll aus der Wolkendecke und zog eine golden glänzende Bahn über die See, in deren Zauberlicht das Wasser spielte. Die Nachtluft war frisch, es roch nach Land. Ein schwacher Südwind trieb über das nahe Ufer und strich liebkosend die See. Nun entdeckten sie auch die Pricke am Rande des Fahrwassers, keine fünf mächtigen Männerschritte an Backbordseite achteraus.

»Da, da ist sie«, stieß erregt der Inspektor überflüssigerweise hervor und deutete mit dem ausgestreckten Arm in die Dunkelheit.
Köster antwortete nicht. Er hob witternd den Kopf und lauschte. Ein fernes Grummeln lag in der Luft: Flugzeuge!
Wem galt in dieser Frühlingsnacht der Angriff, Swinemünde schon wieder oder Stralsund, dem nahen Greifswald vielleicht oder dem fernen Berlin? Auf jeden Fall war es richtig, sich ganz klein und nach Möglichkeit unsichtbar zu machen und still abzuwarten. Von Stralsund her warf eine Scheinwerferbatterie gebündeltes Licht in den Himmel. Im Schnittpunkt der Strahlen hing wie ein böses Insekt ein Flugzeug. Schwere Flak ballerte los und versuchte, eine Sperre vor den anfliegenden Bomberverband zu legen, der unbeirrbar weiterzog, als sei er ferngesteuert. Plötzlich schwiegen die Geschütze, Leuchtspurmunition wanderte waagerecht durch den Himmel. Ein Flammenbündel, und brennend stürzte einer der Bomber zur Erde. Offensichtlich griffen Nachtjäger in den Kampf ein. Helles Entsetzen bei den Männern auf der *Albatros*. Teile des auseinanderberstenden Flugzeuges stürzten direkt auf sie zu. Hilflos suchten sie Schutz und drängten sich in die Kombüse. Nicht weit von ihnen entfernt stieg eine Gischtfontäne aus dem Wasser. Noch einmal bäumte sich das Wasser unter dem Druck der explodierenden Bombenlast auf. Dann herrschte wieder Stille, bis auf den Motorenlärm der hoch fliegenden Engländer. Ihr Angriff in dieser Nacht galt weder Stralsund noch Swinemünde, das Geschwader flog weiter nach Süden.
Sichtlich erleichtert atmeten alle an Bord der kleinen *Albatros* auf. Entschlossen, weil alles gut gegangen war, zögerte Köster nicht mehr. Sie mußten versuchen weiterzukommen. Der II. Maschinist und der Heizer verschwanden im Schiffsinneren. Das Schraubenwasser quirlte auf, die Maschine bebte auf ihrem Fundament, und das Deck unter den Füßen der Männer zitterte. Mehr geschah nicht. Die *Albatros* rührte sich nicht von der Stelle. Am Bootsgalgen vorbei beobachtete Köster aufmerksam die Pricke im Mondschein. Jensen steckte mit dem langen Bootshaken die Wassertiefe neben der Bordwand ab.
»Wie sieht es aus, Jens?«
Der Matrose warf den Bootshaken achtlos zur Seite und antwortete knapp: »Sitzt nur vorne auf. Auf Steuerbordseite ist schon vor dem Mast tiefes Wasser.« – Köster überlegte, ob sie einen Warpanker ausbringen sollten, doch Willi Asmussen mußte seine Gedanken erraten haben,

denn er schlug vor, es noch einmal zu versuchen. Er selbst würde mal kurz im Maschinenraum nach dem Rechten sehen und, wenn notwendig, eine Schaufel Kohlen mehr auf das Feuer unter dem Kessel werfen.
»Na gut, Willi, versuchen wir es noch einmal«, willigte Köster sofort ein. Erneut wühlte die Schraube den Dreck auf. Bestimmt machte sie jetzt deutlich mehr als 120 Umdrehungen. Köster befand sich wieder auf seinem Beobachtungsposten und peilte die Pricke an. Ruckartig, in allen Verbänden zitternd, bewegte sich die *Albatros* langsam achteraus. Sie kommt, sie kommt, sie kommt, dachte Köster. Die Pricke wanderte aus der Peillinie, schon schwang der Steven ins tiefere Fahrwasser. »Maschine stop! – Langsame Fahrt voraus!«
Ein Stein fiel Köster vom Herzen, das Glück verließ sie nicht, aber sie forderten es auch nicht heraus. Langsam schlichen sie weiter, Stralsund entgegen. Anschließend kam Willi nach oben und rieb sich zufrieden die Hände an einem Stück Twist ab. Hein Köster hielt sich an die ungeschriebenen Spielregeln, mit Beifall, aber auch mit Mißmut sparsam umzugehen, und ließ es bei der Bemerkung bewenden: »Ist ja noch einmal gut gegangen«.
Als sie in Stralsund ihren Anlegeplatz erreichten, wollten die Sanitätswagen gerade abfahren. Der den Zug anführende Oberfeldwebel zeigte sich erbost, daß er volle drei Stunden auf sie habe warten müssen. Wütend wollte der Inspektor antworten, aber Köster hielt ihn zurück: »Der gute Mann kann es ja nicht verstehen, daß die See keine Straße ist.«
Sofort nach dem Festmachen des Schiffes begannen die Sanitäter, die Verwundeten zu den an Land wartenden Autos zu bringen. Köster erinnerte sich an den Bauchschuß und wollte nachfragen. Im gleichen Augenblick aber trugen zwei ältere Soldaten eine belegte Bahre an ihm vorbei über die Gangway. Nur die Stiefel ragten unter der Zeltplane hervor. Er senkte den Kopf, ging stumm in seine Kajüte und warf sich angezogen auf die Koje. Das Wimmern und Schreien der Verwundeten verfolgte ihn bis in den Schlaf.
Als er aufwachte, hörte er Jensen in der Kombüse hantieren. Die Besatzung saß schon beim Frühstück, bis auf den II. Maschinisten, der erst kurz vor dem Ablegen erschien und sich mit dem Hinweis entschuldigte, er habe an Land unbedingt etwas erledigen müssen. Köster nahm sich vor, ihn bei Gelegenheit zu fragen, was er immer so dringend an Land zu tun habe. Jetzt gab es Wichtigeres: Sie mußten zurück nach Swinemünde.

Schutz unter den Rohren der »Lützow«

Die *Albatros* nahm ihre Schwerstarbeit auf der Swinemünder Reede wieder auf. In ständiger Anspannung vergingen die ersten Apriltage. Anhaltender Sturm peitschte das Wasser hoch und unterband jede Umschlagtätigkeit. Festvertäut dümpelte der kleine Dampfer am Marinedepot, während der Wind durch die Hafenbecken fegte, um die zerstörten Gebäude langte und sich heulend an den Aufbauten brach. Sobald das Wetter aufklarte, erschienen die Tiefflieger, jaulten die Luftschutzsirenen und trieben die Schiffe aus dem Hafen.

Die Zeichen der Auflösung waren nicht mehr zu übersehen. Stäbe verließen mit ihrem gesamten Troß die Hafenstadt und verlegten westwärts. Schiffe liefen aus und kamen nicht zurück. Von den Wunderwaffen jedoch keine Spur. Der Flüchtlingsstrom nach Swinemünde hielt ununterbrochen an. Sie selbst transportierten Menschen von der Reede an Land, während andere Boote und kleine Fahrzeuge Flüchtlinge zu den ankernden Schiffen brachten. Kaum einer blickte noch durch, aber der Krieg ging weiter.

Als die *Albatros* am 8. April zur ersten Tour auslief, das Wetter hatte sich beruhigt, meldete der Wehrmachtsbericht: »An der Danziger Bucht vereitelten deutsche Truppen Versuche des Gegners, sich den Zugang zur Putziger Nehrung zu öffnen. Angriffe des Feindes in der westlichen Weichselniederung, gegen Königsberg und gegen die Samlandfront wurden abgewiesen.«

Der Wehrmachtsbericht verschwieg, daß es keine Verbindung mehr zwischen Königsberg und Pillau gab, und er würde auch am nächsten Tag nicht eingestehen, daß General Lasch die Stadt übergeben hatte. Erst vier Tage später erfolgte die Meldung mit der gleichzeitigen Nachricht, daß General Lasch wegen der Preisgabe Königsbergs an den Feind durch ein Kriegsgericht zum Tode durch den Strang verurteilt sei. Weil sich der General aber in Gefangenschaft befand, sollte seine Sippe haften.

Mit Schrecken erinnerten sich die Männer der *Albatros* an die Minuten längsseits des Frachters *Neidenfels*, als über die schwankende Jakobsleiter ein großer, kräftiger Mann im langen Pelzmantel mit einem prall gefüllten Rucksack auf dem Rücken herunterkletterte. Die roten Biesen an seinen Hosen leuchteten und signalisierten Vorsicht. Schwerbepackt eine Jakobsleiter zu bewältigen, fällt mit Sicherheit auch einem geübten Seemann nicht leicht. Kein Wunder, daß so mancher beim Anblick des Generals an der steilen Bordwand grinste und an einen kletternden Affen dachte.

Die *Albatros* lag zu weit von der *Neidenfels* ab. Der steife Wind drückte die beiden ungleichen Fahrzeuge immer wieder auseinander. Trotzdem versuchte der unten angekommene General, von der Leiter auf die *Albatros* herüberzusteigen. Den Warnruf nahm er nicht wahr oder wollte ihn nicht hören. Generale lassen sich schwer etwas sagen. Er schaffte es nicht. Für einen Moment hing sein Körper als lebende, zuckende Brücke zwischen den beiden Schiffen, dann konnte er sich nicht mehr halten, ließ mit den Händen die Leiter los und stürzte ins kalte, kabbelige Wasser. Er selbst blieb ruhig. Oben an Deck des Hansa-Frachters ein Aufschrei: »Der General, der General ist abgestürzt. Hilfe! Hilfe!«

Mein Gott, durchfuhr es Köster, wenn der General absäuft, stellen sie uns bestimmt vor ein Kriegsgericht wegen Wehrkraftzersetzung. Aufgeregt stürzte er zum Sprachrohr und gab Order, die Maschine rückwärts laufen zu lassen. Er hoffte, mit diesem Manöver sein Schiff näher an den Frachter bringen zu können. Unten an Deck versuchten inzwischen die Männer, den im Wasser um sich schlagenden General aufzufischen. Sie konnten ihn zwar am Kragen festhalten, aber nicht hochziehen, und der General dachte nicht daran, sein Gepäck zu opfern.

Die *Albatros* ruckte heftig in der Vorleine ein. Ein Knall: Der dicke Festmacher brach, das Schiff drohte herumzuschlagen. Es gab nur eine Möglichkeit, noch mehr Unheil zu vermeiden, und so befahl Köster, die Achterleine loszuwerfen. Er schwitzte Blut und Wasser auf der Brücke. Schon packte der Wind das leichte, hoch aus dem Wasser ragende Schiff und legte es dwars in die Windrichtung. Köster wollte es treiben lassen, hatte aber kaum freien Seeraum zur Verfügung, denn überall lagen Fahrzeuge vor Anker, und aus dem Wasser ragende Masten und gesunkene Schiffe bildeten ein weiteres Hindernis. Köster rannte oben aufgeregt von einer Schiffsseite auf die andere und trieb die Männer an Deck an, sich zu beeilen: »Nehmt doch den Ladebaum zur Hilfe!« schrie er Jensen an. Es wurde Zeit, den im Wasser baumelnden General herauszuholen, bevor er unterkühlt die Besinnung verlor. Mit Hilfe einer Tauschlinge, die dem General um die Brust gelegt werden konnte, gelang es schließlich, ihn hochzuziehen. Das sich bietende Bild eignete sich kaum für die Wochenschau, und doch lachte keiner auf der *Albatros,* als der triefende General im Stropp baumelnd an Deck abgesetzt wurde.

Der Führer der inzwischen aufgelösten Heeresgruppe Nord sah das nicht anders. Kaum von der Tauschlinge befreit, schüttelte er sich wie ein nasser Hund, langte in den Rucksack und zog eine Flasche Kognak heraus. Ein Blick auf das Etikett, dann ließ er sie reihum gehen, um als letzter ebenfalls einen kräftigen Schluck aus der Buddel zu nehmen. Kaum stand der Generaloberst auf eigenen Beinen, als Köster die *Albatros* wieder unter Kontrolle brachte. Die hoch aus dem Wasser ragende *Lappland* lag nur noch zwei Schiffslängen entfernt auf Leeseite.

Es frischte wieder auf. Sie schlugen mitunter so hart gegen die Bordwand der *Neidenfels,* daß Köster sorgenvoll die Augenbrauen zusammenzog. Er dachte an die schwachen Spanten seines für solche brutalen Methoden nicht gebauten Fördedampfers. Unterdessen wärmte sich der Generaloberst in der Kapitänskajüte auf und richtete sich wieder etwas her. Als er sich in Swinemünde mit einem kräftigen Handschlag vom Kapitän verabschiedete, verlor er nicht viele Worte über das Geschehen draußen auf der Reede. »Danke«, sagte er ernst, und damit war der Fall erledigt. Köster, ebenfalls mundfaul und wohl auch etwas beeindruckt, meinte: »Ist ja alles gutgegangen.« Gedankenverloren sah er ihm nach, wie er mit schweren Schritten über das Deck ging. Als er die Gangway betrat, salutierten Soldaten auf der Pier. Na ja, dachte Köster: General bleibt eben ein General, egal, ob er trocken oder naß wie eine Katze ist. Eigentlich hätten wir ja Seite pfeifen müssen.

Noch Jahre später erinnerten sich die Männer der *Albatros* an diesen Vorfall auf der Reede vor Swinemünde, und sie malten sich immer wieder aus, was wohl mit ihnen geschehen wäre, wenn sie einem richtigen Generaloberst nicht das Leben gerettet hätten.

An diesem Tag aber liefen sie nicht erneut aus, sondern blieben im Hafen liegen. Helmut Scheer nahm die günstige Gelegenheit wahr und eilte an

Land, weil er noch etwas Dringendes erledigen wollte. Die anderen nutzten die freie Zeit, um auszuschlafen.
Als sie am 8. April nachmittags zur Reede aufbrechen wollten und schon die Festmacher einholen, kam ihnen ein alter Bekannter entgegen: der schwere Kreuzer *Lützow*. Er suchte seinen Liegeplatz im sogenannten Lognitzer Loch auf. In den Treibstoffbunkern schwabberten nur noch klägliche Reste. Granaten für die Schwere Artillerie ließen sich im täglich kleiner werdenden Großdeutschland nicht mehr auftreiben. Davon abgesehen hätten die Geschützrohre neu beseelt werden müssen. Trotzdem war dieser stählerne Koloß immer noch ein ernstzunehmender Gegner. Die russischen Panzerspitzen in der Danziger Bucht, der Gegner der vergangenen Tage, zeigten sich von der Kampfkraft beeindruckt.
Willi Asmussen, breitbeinig neben dem Kombüsenschott stehend und seine abgeknabberte Pfeife stopfend, zeigte sich von dem Auftauchen des Kreuzers in seiner Meinung bestätigt, daß Swinemünde noch nicht gefährdet sei. Hein Köster freute sich aus einem ähnlichen Grund, brauchte er doch jetzt nicht mehr bei jedem Fliegeralarm nach draußen zu laufen, sondern konnte die *Albatros* wieder unter den Geschützen der *Lützow* verstecken. Für ihn gab es in diesen Zeiten keinen sichereren Platz im ganzen Osten.
»Hier liegen wir wie in Mutters Schoß«, behauptete er mehr als einmal. Und diese Rechnung schien aufzugehen, mochten die Kollegen auf den anderen Fahrzeugen auch den Kopf schütteln über den vermeintlichen Leichtsinn, wenn die *Albatros* bei Fliegeralarm nicht mit ihnen seewärts dampfte, sondern die entgegengesetzte Richtung einschlug.
Am 15. April breitete sich eine feste, tiefhängende Wolkendecke über Pommern aus. Köster hoffte, daß sie an diesem Tage von feindlichen Flugzeugen unbehelligt bleiben würden. Er mußte sich unbedingt erholen, denn bei jedem Angriff rumorte sein Magen, und er konnte sich nicht daran gewöhnen, daß man auf ihn schoß, ihn umbringen wollte. Zum Helden, meinte er, sei er nicht geboren, und seine Frau würde sich freuen, wenn er gesund nach Hause käme.
Und doch gab es an diesem Tage Fliegeralarm. Köster glaubte zuerst an einen Irrtum. Doch schon legten die ersten Schiffe ab und verließen fluchtartig die Hafenbecken. Es dauerte keine drei Minuten, und die *Albatros* befand sich ebenfalls unterwegs. Sie kam jedoch nicht so recht

vorwärts, denn auch der zum Marinearsenal gehörende Transporter *Golm* wollte in die Kaiserfahrt, fuhr aber langsam, als hätte er viel Zeit.
Köster beobachtete unruhig den Himmel, gewärtig, jeden Augenblick angreifende Flugzeuge auszumachen. Nichts! Die Wolken gaben keinen Blick frei, nur das auf- und abschwellende Grummen in der Luft signalisierte Alarm. Als er seine Aufmerksamkeit wieder auf seinen Vordermann richtete, kam jede weitere Reaktion zu spät. Die *Albatros* lief voll auf die *Golm* auf, schob ihr Heck zur Seite, so daß der Transporter in die Böschung lief, wo sie schließlich im Schlick steckenblieb. Mehr passierte ihr nicht, von der Beule am Heck abgesehen. Trotzdem benahmen sich die Leute auf der *Golm* recht seltsam, sie standen auf dem Achterdeck und fuchtelten drohend mit den Armen hinter der *Albatros* her.
»So ein verdammter Mist«, fluchte Köster laut, dachte an den eingedrückten Steven der *Albatros,* schimpfte auf Gott und die Welt, nannte die *Golm* und sich selbst einen Idioten. Unbehagen überkam ihn bei dem Gedanken, daß er einen Kollisionsbericht an die Reederei in Flensburg verfassen mußte. Kaum Kapitän, und schon macht er Bruch, hörte er förmlich die Büroheinis sagen. Zum Glück fehlte ihm im Augenblick jedenfalls die Zeit, noch länger über den Vorfall nachzudenken. Die *Albatros* verlangte nicht nach Träumern, sondern nach Männern, die schnell zu handeln wußten.
Endlich lagen sie dicht bei der *Lützow*. Drohend richteten sich deren Geschützrohre zum Himmel, jeden Augenblick bereit, mögliche Angreifer mit einem Geschoßhagel zu empfangen. Der schwere Kreuzer sah aus wie ein Igel. Doch nichts geschah, keine Bomben fielen, kein Flugzeug stieß durch die schützende Wolkendecke, und langsam verebbte das tiefe Brummen in der Luft: Das Geschwader drehte unverrichteter Dinge ab. Bald darauf erfolgte Entwarnnug, und die *Albatros* kehrte zu ihrem Liegeplatz zurück. Köster fühlte sich in seiner Auffassung bestätigt, daß die englischen Piloten nicht so verrückt sind, die schwerbewaffnete *Lützow* anzufliegen. Wer begeht schon gern Selbstmord, kurz vor Kriegsende?
Doch der Kapitän der *Albatros* irrte. Flugzeuge der 617. Bomber-Squadron waren mit schweren Spezialbomben von Woodhall Spa in Lancashire aus gestartet, um dem Schweren Kreuzer das Lebenslicht auszublasen. Ein Abwurf der »Dambusters« versprach allerdings nur bei freier Sicht auf das zu treffende Objekt vollen Erfolg. Als die Piloten über dem

Zielgebiet eine geschlossene Wolkendecke vorfanden, drehten sie ab und kehrten nach England heim. Doch der Angriff war nur aufgeschoben; aber auch das konnte Köster nicht wissen.

Kaum hatten sie ihre Leinen belegt, als vor ihnen die *Nadir* festmachte, ein ehemaliges Schulboot der Kriegsmarine. Köster kannte das Fahrzeug aus längst vergangenen Friedenszeiten, als es noch *Schwalbe* hieß und unter der friedlichen Hausflagge der Argo-Reederei Stückgüter und Holz in der Nord-Ostsee-Fahrt transportierte. Im Gegensatz zur *Albatros* wehte am Heck der *Nadir* die Kriegsflagge. Hein stand noch oben an Deck und grübelte über die Kollision nach, als an der Gangway ein Obersteuermann auftauchte und ihn grüßte. Köster antwortete entsprechend und tippte kurz mit zwei Fingern an den Mützenrand. Es dauerte nicht lange, bis sich die beiden Männer an der Back gegenübersaßen, um ihre Erfahrungen auszutauschen. Kurt Troch, Kommandant der *Nadir*, hatte viel zu erzählen, vom ersten Einsatz seines Schiffes nach Auflösung des Schulbootverbandes Gotenhafen im Herbst vergangenen Jahres bis zur geglückten Räumung von Kolberg. Der Flensburger erwies sich einmal mehr als guter Zuhörer. Mitunter nickte er, sagte auch mal ja und hm-hm, hielt sich aber zurück. Er hatte das Gefühl, daß sich sein Gegenüber einmal aussprechen mußte. Kein Wunder, denn Kapitäne leben einsam, im Frieden, aber auch im Krieg.

»Das Schlimmste, was uns passierte, bisher passiert ist«, verbesserte sich zögernd der Obersteuermann, »war die Evakuierung der Insel Ösel!«
Als Köster erstaunt aufblickte, fuhr er fort: »Das war so, verdammt, das hätte leicht schiefgehen können, ganz leicht. Schon vor der Abfahrt aus Gotenhafen verlief alles streng geheim. Keiner wußte, was wirklich los war. Wir hatten Order, das Schiff so herzurichten, daß Soldaten ganz schnell an Bord gelangen könnten. Also besorgten wir Leitern nach der üblichen Marinemethode und laschten sie an den Bordwänden fest. Mit gelöschten Lichtern näherten wir uns der Küste. Dunkel die Nacht hinter uns. Das paßte gut, hoben wir uns doch nicht ab, konnten aber selbst einigermaßen sehen, denn der Horizont im Osten war blutrot und schwefelgelb. Ein schauriges Bild. Geschütze brüllten an Land auf, das Mündungsfeuer schoß mit in den Himmel. An Steuerbord voraus der Leuchtturm Zerel. Alles klar, schnell noch eine Peilung über den Daumen. Schon begann das Konzert. Leuchtfallschirme über uns. Taghell die

Nacht, ich hätte bequem eine Zeitung lesen können. Nichts wie weg, dachte ich. So schnell der Spuk aufgetaucht war, so schnell verschwand er wieder, aber ich hatte den Kontakt zum Konvoi verloren. Absolut nichts war von den anderen Schiffen zu sehen, nichts! Dann machte es bums, und wir saßen fest. Ausgerechnet jetzt, ein Unterwasserfelsen – und das bei bewegter See! Jede kleine Welle hob den Pott hoch und ließ ihn wieder auf den Felsen fallen. Die Spanten knackten. Noch machten wir kein Wasser. Was tun, sprach Zeus, die Jungfrauen sind besoffen. Ran an die Klappbuchs und auf gut Glück kurz in Richtung See Signal gegeben. Und tatsächlich, wenig später kommt ein Kümo angeschlichen und reicht eine Trosse herüber. Beim ersten Versuch, peng, Leine kaputt, aber schon beim zweiten Anlauf klappte es, wir kamen frei.«

Kurt Trock lehnte sich zurück, öffnete die Uniformjacke und strich mit beiden Händen über die Brust. Hein Köster nickte zufrieden und goß ihm heißen Tee in die Tasse. Auf dem Tisch stand halbvoll eine Rumbuddel. Beide bedienten sich, prosteten einander zu, fanden Tee und Rum gleichermaßen prima, und nach angemessener Zeit ermunterte Köster seinen Gast, doch weiterzuerzählen.

»Ach ja, wir kamen frei. Plötzlich befanden wir uns mitten im Geleit vor dem Küstenabschnitt Sworbe. Ehe wir uns besannen, erschienen unsere Soldaten auf Booten und Fähren längsseits und kletterten über die Sturmleitern an Bord. So einen Tumult habe ich noch nie erlebt. Die meisten von ihnen hatten keine Waffen mehr. Nicht viel anders, nicht weniger dramatisch vollzog sich die Räumung von Stolpmünde. Du kennst Stolpmünde?«

»Aber ja«, bestätigte Köster und rührte fast andächtig den Zucker in der Teetasse um, »ein schönes Städtchen, fast so schön wie Flensburg.«

Sie lachten beide.

»War es, Hein. Viel ist nicht heilgeblieben, ich weiß nicht, wie es bei dir zu Hause aussieht. Gottlob lagen wir nicht im Winterhafen, aber sonst Schiff an Schiff, und keiner traute sich auszulaufen, denn draußen stand eine klotzige See. Der Sturm drückte aus Nord genau zwischen die Molen. Haben wir geflucht in diesen Tagen. Die Pötte warteten vollbeladen mit Soldaten, Offizieren, ganzen Stäben, Verwundeten, Kranken, Frauen und Kindern, kaum Proviant an Bord – und dann das. Jeden Augenblick konnte der Iwan im Hafenviertel auftauchen und uns alle kassieren. Und richtig, plötzlich Panzeralarm! Nun gab es kein Halten mehr, draußen im Kampf mit der See hatten wir noch eine Chance. Jeder wollte der erste sein. Wir lagen günstig, und ehe sich die anderen besonnen hatten, dampften wir schon los. Trotzdem ein Gewühl. Der kalte Schweiß lief mir von der Stirn. Ich dachte wirklich, wir schaffen es nicht, und dann die armen Menschen an Bord. Sie kotzten sich die Seele aus dem Leib. Die Zeit zwischen den Molen schien endlos. Noch einmal wurde es kritisch, als uns ein Brecher aus dem Ruder warf und wir gegen den Molenkopf getrieben wurden. Keine Handbreit Luft mehr zwischen uns und der Mauer. Vorbei der Turm, endlich die See, eine kochende weiße Brühe. Ich blickte zurück und sah noch, wie ein Fährpram umgeworfen wurde wie ein Spielzeug. An Rettungsmaßnahmen konnten wir nicht denken – und die anderen auch nicht. Als wir nach einer Höllenfahrt Swinemünde erreichten, kamen die Flieger und hauten die Stadt zusammen. Tagelang noch lagen die Leichen herum. Wer keinen Stern hat, geht schnell unter. Wir blieben verschont, aber auch Wunder gehen einmal zu Ende.«

Alt kann der Kommandant der *Nadir* nicht sein, überlegte Köster, keine dreißig, also jünger als ich, aber er sah älter aus und müde. Kurt Troch schwieg. Er streckte die Beine weit aus, und ehe sich Köster versah, schlief er. Vorsichtig erhob sich der Kapitän und warf sich angezogen auf seine Koje. Kurz vor Mitternacht riß eine heftige Explosion Köster aus der Koje. Schlaftrunken griff er im Dunkeln nach der bereitliegenden Hose, streifte sie über, schlüpfte in die Pantoffeln und eilte zum Bullauge. Bevor er etwas sehen konnte, mußte er erst die Blende entfernen, die aus Luftschutzsicherheitsgründen jeden nach außen fallenden Lichtschein verhindern sollte. Die Überwurfmutter ließ sich leicht lösen. In der Gegend des Bahnhofs brannte es. Dort mußten Bomben gefallen sein. Hein wunderte sich zwar, denn einen Fliegeralarm hätte er bestimmt nicht überhört. Komisch ist das schon, dachte er, aber er war zu müde, um darüber nachzudenken. Als weiter nichts geschah, schloß er sorgfältig die Blende und schaltete kurz das Licht ein, um sich auf seiner Taschenuhr zu überzeugen, wie spät es war. Abends pflegte er sie aufzuziehen und an die Wand zu hängen, vergaß er es, vermißte er das beruhigende Ticken.

Am nächsten Morgen erfuhr er, daß auf dem Bahnhof ein Transportzug in Brand geraten und ein Waggon mit Seeminen in die Luft geflogen war. Scheinwerfer, Aggregate, Kabel und anderes Gerät lagen wüst durcheinander und blockierten die anderen heil gebliebenen Gleise. Vom Zugbegleitpersonal lebten fünf Soldaten nicht mehr, zwei weitere kämpften mit dem Tod. Das Wort Sabotage geisterte durch Swinemünde, denn zwei Soldaten wurden unmittelbar nach dem Unglück festgenommen. Ob schuldig oder nicht, in schweren Zeiten hat das Recht ganz schlechte Chancen.

Der Obersteuermann war am Morgen nicht mehr an Bord. Köster sah ihn erst am nächsten Tag, aber nur flüchtig, als die *Nadir* von der Pier ablegte.

Er fand gerade noch Zeit zu fragen, wohin die Reise gehen sollte.

»Nach Neufahrwasser!« schrie Troch zurück.

Asmussen, der neben Köster stand, zog seine Mütze ins Gesicht und sagte: »Es ist wie im Leben, die kleinsten Schiffe tragen die schwersten Lasten.«

»Vielleicht funktioniert sonst das ganze System nicht«, gab Köster zu bedenken, und dann folgte der Befehl, die Leinen loszuwerfen.

Am 16. April machte die *Albatros* gegen 16.00 Uhr von der Reede kommend im Hafenbecken I die Leinen fest. Sofort verließen die Soldaten und Flüchtlinge den Dampfer, froh, wieder festen Boden unter den Füßen zu spüren. Köster entschloß sich, noch einmal hinauszufahren, denn das Wetter war gut, klare Sicht, und nur ein leichter Wind kräuselte die Wasseroberfläche.

Plötzlich Fliegeralarm. Gleichzeitig setzte heftiges Abwehrfeuer von der Flak an Land und den im Hafen liegenden Schiffen ein. Nach dem tiefen Grummen zu urteilen, befanden sich nur wenige Bomber im Anflug. Köster beschloß, ausnahmsweise nicht in die nahe Kaiserfahrt zu laufen, um unter den Geschütztürmen des Schweren Kreuzers *Lützow* Schutz zu suchen. Es kann sein, daß die Kollision mit der *Golm* am Vortag seine Entscheidung beeinflußte. Der Havariebericht lag schon auf dem kleinen Tisch in der Kapitänskajüte, fertig zum Unterzeichnen. Köster zögerte noch, denn die Reichspost hatte viel von ihrem guten Ruf eingebüßt. Es eilte wohl auch nicht, dachte er, und wer weiß, was morgen ist. Sie warfen die Leinen los und nahmen Kurs auf die offene See, zu ihrem

Glück, denn der Angriff der achtzehn viermotorigen Bomber galt nur dem Schweren Kreuzer in der Kaiserfahrt.
Auf der *Lützow* stand kurz nach 17.00 Uhr in der Offiziersmesse der Sekt kalt. Kapitän zur See Knoke, Kommandant des Schiffes, sollte das Deutsche Kreuz in Gold verliehen bekommen. Es fehlte nur noch der Admiral mit dem Orden. Die jungen Offiziere warteten bereits auf Nachschub, als die Alarmglocken schrillten. Achtlos wurden die Gläser abgestellt. Die Offiziere hasteten auf ihre Gefechtspositionen. Und schon brach die Hölle los. Der Kreuzer verwandelte sich in eine feuerspeiende Kampfmaschine. Mehrere dumpfe Explosionen erschütterten den Leib des stählernen Riesen. Wasser rauschte unaufhaltsam in den aufgerissenen Schiffskörper. Menschen schrien um Hilfe, nach Sanitätern. Feuer fegte durch die inneren Betriebsgänge. Dicker Qualm legte sich über das Deck und hüllte den schwer getroffenen Kreuzer in Rauch ein. Langsam sackte das ehemalige Panzerschiff *Deutschland* ab und fiel sanft gegen die Böschung, die ein Kentern verhinderte.
Als die *Albatros* auf ihren Liegeplatz zurückkehrte, erfuhr die Besatzung vom Schicksal des Schweren Kreuzers. Kreidebleich ließ sich Hein Köster auf den nächsten Stuhl nieder. Sein Magen zog sich krampfhaft zusammen. Es dauerte mehrere Minuten, bis er seine Sprache wiederfand. Lange hockten an diesem Abend Köster und Asmussen zusammen. Ihre Gespräche drehten sich um die merkwürdigen Dinge im Leben, um die Zufälle, die es rein wissenschaftlich betrachtet gar nicht gibt. Köster beteuerte immer wieder, keine Ahnung zu haben, warum er diesmal nicht zur *Lützow* gelaufen sei. Asmussens Pfeife kochte, auch er sinnierte und kam zum Ergebnis, daß in diesen Zeiten der Mensch einen Schutzengel notwendiger braucht als sonst. »Wir haben viel zu erzählen, wenn wir nach Hause kommen«, bemerkte er und grübelte seinen Worten nach.
Der neue Tag war schon angebrochen, als Hein Köster die Kojenlampe ausdrehte. Und doch konnte er nicht einschlafen, er lag wach und dachte über das Leben nach und über das Glück. Er glaubte, daß sie alle heil in Flensburg ankommen würden. Warum sollte das Schicksal solche Umwege machen. Sie würden den Krieg überleben. Als Jensen ihn morgens weckte, fühlte er sich unausgeschlafen. Dementsprechend saß er mundfaul am Tisch und trank seinen heißen Kaffee. Jens Jensen schenkte unaufgefordert nach und gab zu bedenken, daß sie kaum noch Provi-

ant an Bord hätten. Köster kannte das leidige Problem, aber von Essen und Trinken ernähren sich ganze Völkerstämme, wie Willi behauptete. Vielleicht half die Marine. Eine andere Möglichkeit fiel dem Kapitän nicht mehr ein.

Nach dem Frühstück verließ Jensen gutgelaunt das Schiff, kehrte aber bald mit leeren Einkaufstaschen zurück, völlig außer Atem, denn er schnappte nach Luft, als er aufgeregt den anderen mitteilte, daß die *Goya* gesunken sei. Ob Mine oder Torpedo, wußte er nicht, weil keiner Genaues sagen konnte. Um Mitternacht sollte sie gesunken sein, in der Gegend der Stolpebank. »Mensch, geht das an die Nieren, gestern die *Lützow*, heute die *Goya*, wen trifft es morgen?«

Köster ließ die Arme sinken und horchte den Worten nach. Wen trifft es morgen? Die in der vergangenen Nacht aufgebaute Zuversicht wich und machte einer tiefen Beklemmung Platz. Otto Plünnecke fiel ihm ein, der rheumakranke Kapitän der *Goya*, und der Kapitänleutnant Hahn, der vor dem Krieg als Lotse in Danzig seinen Dienst versehen hatte. Sie hatten ihn mit hinaus auf die Reede genommen, zur vor Anker liegenden *Goya*. Jetzt waren auch sie weg, tot. Es schien nur eine Frage der Zeit zu sein, wann es auch sie erwischen würde. Die Minenräumboote *328* und *256* liefen Swinemünde an, um die an Bord befindlichen Soldaten an Land zu setzen, darunter auch die Überlebenden der *Goya*. Von ihnen erfuhr Köster, daß wahrscheinlich über 7 000 Menschen mit dem Schiff untergegangen waren. Nur eine Handvoll Überlebender gab es, und die Soldaten konnten ihr Glück noch nicht richtig fassen. Sie wurden zusammen mit den anderen an die Front geschickt, viel Zeit blieb ihnen nicht.

Am nächsten Tag lief im Schlepp eines Minensuchers der torpedierte Zerstörer *Z 34* in den Osternothafen ein. Die Männer der *Albatros* kannten das schnittige Schiff von Begegnungen in der Danziger Bucht. Vor Saßnitz und Swinemünde hatten sich mehrfach ihre Kurse gekreuzt. Willi Asmussen spuckte braunen, dicken Tabaksaft über die Reeling, als er das notdürftig abgedichtete Loch in der Bordwand des Zerstörers entdeckte. Er drehte sich zu Köster um und äußerte zwischen zwei Zügen den Verdacht, daß es nun rasch bergab gehe. Nach einer kleinen Verschnaufpause fügte er hinzu: »Wirst sehen, Hein, bald hat die Marine nur noch uns!«

Order für Kiel

Am 24. April wandte sich Adolf Hitler im »Völkischen Beobachter« zum letzten Mal an die Berliner Volksgenossen. Aber er beschwor nicht mehr den Glauben an eine große völkische Zukunft, jetzt mußten die Menschen mit Drohungen bei der Fahne gehalten werden: »Merkt Euch! Jeder, der Maßnahmen, die unsere Widerstandskraft schwächen, propagiert oder gar billigt, ist ein Verräter! Er ist augenblicklich zu erschießen oder zu erhängen.«
Am nächsten Tag berichtete die »New York Times«: »Seit gestern stirbt Berlin und damit die Nation, von der die Menschen einmal sagten, sie sei zivilisiert.«
Die sechs Seeleute auf der unscheinbaren *Albatros* lasen zwar nicht das Parteiblatt, zur NSDAP oder Marine-SA fühlten sie sich nicht hingezogen. Selbst der Moses hatte in friedlicheren Zeiten den Dienst in der Marine-Hitlerjugend geschwänzt, doch die Meldung erreichte sie und tat ihre Wirkung. Wie die Amerikaner über sie dachten, wußten sie nicht. Einen Feindsender hörten sie nur gelegentlich, wenn es sich beim Suchen eines Senders des Deutschen Rundfunks so ergab. Der Krieg zog sich in die Länge. Es schien, als ob er kein Ende finden könne, bis alle Häuser zerstört, alle Menschen tot seien. Nach wie vor hielten deutsche Truppen ihre Stellungen in Kurland und fühlten sich auch nach der letzten Schlacht noch unbesiegbar. Sie setzten ihr Leben um jeden Meter auf dem Samland ein und starben in der überfluteten Weichselniederung und auf der Halbinsel Hela. Im Rücken die See, vor ihnen ein unerbittlicher Gegner, so kämpften die Landser weiter, nicht mehr für Großdeutschland, sondern in den meisten Fällen um ihr Leben. Die Aussicht, in russische Kriegsgefangenschaft zu geraten, schreckte sie. Sie kämpften verbissen, solange noch die Aussicht bestand, auf einem der immer noch fahrenden Schiffe mit nach Westen genommen zu werden. Diese Hoffnung wog Panzer auf.
Am Tag, als Hitlers Aufruf zu lesen war, endeten die Gefechte auf der Frischen Nehrung, faßten die Sowjets sämtliche verfügbaren Bomber

zusammen und setzten sie auf Pillau an. In den Morgenstunden des neuen Tages verließ Korvettenkapitän Schön mit dem Rest der Festungskompanie die Zitadelle. Auf der Pier mußten Tausende von enttäuschten deutschen Soldaten zurückbleiben. Sie fühlten sich in dieser Stunde verraten und betrogen. Ihnen blieb nur der Weg in die Gefangenschaft.
Auch in der Weichselmündung wurde weitergekämpft. Russische Schlachtflieger beherrschten den Luftraum und gönnten den Transportern in der Danziger Bucht keine ruhige Stunde, keine Pause zum Atemholen. Immer wieder griffen sie mit ihren Bordwaffen und Bomben an. Die zusammengeschmolzenen Flottillen der 9. Sicherungs-Division holten Nacht für Nacht Soldaten, Flüchtlinge und Verwundete aus der Weichselmündung und von der Nehrung und brachten sie zum Sammelplatz nach Hela, dem letzten verbliebenen Sprungbrett nach Westen. Auf diesen nächtlichen Fahrten mußten sie sich mit russischen Schnellbooten herumschlagen, aber sie gaben nicht auf.
Von Bomben getroffen, sank die *Emily Sauber* auf der Reede, und erschüttert registrierten die Soldaten am Strand und im Hafen, daß an diesem Tag nur ein kleiner Dampfer vor der Halbinsel erschien. Kommt überhaupt kein Schiff mehr, dachten sie verzweifelt, ist dieses kleine Fahrzeug die allerletzte Chance?
Ihre Furcht war verständlich, aber noch unbegründet. Engpässe mußten überwunden werden, es fehlte an Treibstoff und geeigneten Schiffen, aber der Abtransport lief weiter. Die letzten Fahrzeuge verließen erst am 8. Mai, kurz vor Anbruch des neuen Tages, den Kriegsschauplatz Hela. Und doch reichte der Platz auf den zusammengezogenen Schiffen nicht aus. Über 60 000 deutsche Soldaten, die bis zum letzten Tag auf einen Abtransport gehofft hatten, zogen in den Morgenstunden des 10. Mai geordnet an ihrem Oberbefehlshaber General von Saucken vorbei in russische Kriegsgefangenschaft.
Am 25. April sah auch Hein Köster nicht das Ende des Krieges voraus, obwohl er regelmäßig den Wehrmachtsbericht verfolgte. Noch wurden täglich neue Durchhalteparolen erfunden und ausgestrahlt. Viel hatte sich in den vergangenen zehn Tagen in Swinemünde nicht geändert, wenngleich die im Hafen liegende Flotte in jeder Nacht um einige Einheiten schrumpfte, selbst Dampfer, die unter Kohlenmangel litten, fehlten plötzlich. Stettin sollte gefallen sein, hieß es, aber so genau wußte es keiner oder wollte es nicht laut sagen. Das Wort Defätist, mit dem kein rechter Volksgenosse tituliert werden wollte, machte die Runde. Köster

dachte, ihn treffe der Schlag, als Willi im Beisein ihres Kapitänleutnants sagte: »Wie schnell doch die Zeit vergeht! Schon sind tausend Jahre um!«
Doch der Offizier zuckte mit keiner Wimper, als er feststellte: »Solange wir für einen Groschen von der Ostfront an die Westfront fahren können, solange haben wir an den Endsieg zu glauben, gell!«
»Wie hat er das denn gemeint?« erkundigte sich Asmussen bei Köster, als der Kapitänleutnant auf seinem alten Drahtesel hinter der nächsten Ecke verschwand. »Wie kann er das denn schon gemeint haben?« monierte der Alte und warnte Willi, in Zukunft vorsichtiger zu sein, diesmal sei ja noch alles gut gegangen. Seine Warnung war angebracht, denn das Standgericht trat täglich zusammen. Es hingen genug Soldaten zur Abschreckung unter den Straßenlaternen.
Für die *Albatros* gab es kaum noch eine sinnvolle Beschäftigung, die ihre Anwesenheit in Swinemünde unbedingt notwendig machte. Einfach bei Nacht und Nebel verschwinden aber konnten sie nicht. Hein Köster, Kapitän und verantwortlich für seine Leute und die *Albatros,* brauchte einen klaren Auftrag, einen richtigen Marschbefehl, eine Order, um legal nach Westen, nach Hause zu dampfen. Natürlich hatte er über die Seekarte gebeugt ernsthaft überlegt, ob sie nicht einfach nach Schweden laufen sollten, den Gedanken dann aber doch verworfen. Die Angst, den richtigen Zeitpunkt zu verpassen, ließ ihn schlecht schlafen. »Solange das Linienschiff *Schlesien* im Hafen liegt«, äußerte er seinen Leuten gegenüber, »besteht keine unmittelbare Gefahr.« Er sagte es zwar, aber er glaubte selbst nicht an seine Worte. Doch sie halfen, die Männer etwas zu beruhigen.
Am Schweren Kreuzer *Lützow* lag ein Schwimmkran längsseits und nahm alle noch an Bord befindlichen Flakgeschütze ab. Schießen und die Russen aufhalten aber sollte das auf Grund festsitzende Kriegsschiff noch und gegebenenfalls mit seiner Artillerie in den Endkampf um Swinemünde eingreifen. Überflüssig gewordenes Personal, gutausgebildete Blaue Jungs wurden als Infanteristen eingesetzt. Die Besatzung von *Z 38,* der noch fahrbereit in der Kaiserfahrt lag, mußte ihr Schiff tarnen und im nahen Wald Erdbunker bauen. Offiziere und Mannschaften verstanden diese Maßnahme nicht, denn ihr Zerstörer war erst gründlich überholt worden und hätte wirkungsvoll im Geleitschutzdienst eingesetzt werden können. Der Flachs an Bord blühte, und die Offiziere mußten sich manche Anspielungen gefallen lassen, denn einen Zerstörer mit

Ästen und Zweigen zu tarnen, war ein einmaliger Vorgang in der Marine. Die Lords pirschten wie Jäger durchs Gehölz.
Beschäftigungslos schwabberte die *Albatros* am Depot, ein unhaltbarer Zustand, der an den Nerven der Leute nagte. Sie wurden verständlicherweise immer unruhiger und begannen, ihre Unzufriedenheit öfter zu äußern, bis Köster wütend aufsprang und sie anschrie: »Glaubt ihr denn wirklich, mich kotzt das nicht auch alles an, aber ich will nicht auf der Pier unter einer Laterne hängen mit einem Schild auf der Brust. Ich will kein Held sein, aber ich büx' auch nicht aus!«
Die Besatzung zeigte sich von seinem Ausbruch überrascht, doch nicht sonderlich beeindruckt. Er aber fühlte sich wohler. Nach dem Frühstück setzte er sich in Bewegung, um den Einsatzleiter zu befragen. Er wollte nur mal auf den Busch klopfen. Der Offizier winkte ihn in einen der leeren Nebenräume und meinte beiläufig, jedenfalls klang es so: »Ich habe einen wichtigen Auftrag für Sie, aber das Schiff muß erst mit wertvollen Ausrüstungsgegenständen aus unserem Depot beladen werden, sonst darf ich die *Albatros* nicht losschicken!«
Köster ahnte Böses. Ausrüstungsgegenstände konnten prinzipiell nichts Gutes bedeuten. Doch bevor ihm ein trefflicher Einwand einfiel, redete der Kapitänleutnant schon weiter. Er schien seine Gedanken lesen zu können: »Oder wollen Sie vielleicht nicht nach Hause?«
»Nach Hause?« wiederholte Köster perplex und spürte, wie sein Herz stärker schlug. Wenn es nach Hause, nach Flensburg ginge, würden seine Leute Bäume ausreißen. Ausrüstungsgegenstände könnten auch Lebensmittel, Wurstdosen, gerollter Schinken, köstliche Weine und dergleichen sein. Vielleicht befanden sich auch Marketenderwaren dabei wie Zigaretten und Tabak oder echter französischer Kognak. Das wäre eine Ladung, so recht für die Heimreise geschaffen. Der vor ihm lässig am Schreibtisch lehnende Offizier mußte seine Gedanken erraten haben, denn lächelnd fügte er hinzu: »Wenn Sie an etwas anderes denken als an ganz gewöhnliche Maschinenteile, irren sie gewaltig. Falls Sie dann noch Platz an Bord haben sollten, wovon ich ausgehe, nehmen Sie ein paar Leute aus unserem Verein mit. Wir können die Männer hier entbehren. Im Westen aber werden sie dringend gebraucht, um ein neues Depot aufzubauen.« – Bedenkenlos hätte Köster zu jeder Erklärung genickt, eine war so gut wie die andere. Grußlos verließ er den Raum, kehrte noch auf dem Flur stehend um, weil ihm einfiel, daß der Offizier nichts über den Hafen gesagt hatte, den sie anlaufen sollten.

»Nach Kiel sollen Sie!«
Kiel war nicht Flensburg, aber auch nicht mehr weit davon entfernt, auf jeden Fall besser als Swinemünde. Woher aber die Kohlen nehmen, ihre Vorräte reichten vielleicht bis Rostock, weiter auf keinen Fall.
»Bunkern?« fragte der Kapitänleutnant, wobei er das Wort ausdehnte, daß es wie eine persönliche Zumutung klang, »ich weiß nicht. Kohlen haben wir nicht. Wir sind doch keine Bunkerstation! Mensch, Köster, Sie machen ja tolle Sachen, wollen unbedingt nach Hause, und in den Bunkern herrscht Flaute. Ich habe in den letzten Wochen viel erlebt, gehört und gesehen. Die Ausreden gehen auf keine Kuhhaut, und dann schneien Sie hier herein und behaupten, Sie können wegen Kohlenmangel nicht auslaufen. Das kann doch nicht Ihr Ernst sein, gell?«
Vorsichtig widersprach Köster. Er erinnerte den Offizier an die im Heizungskeller liegenden schwarzen Edelsteine und meinte trocken, daß dieser Vorrat wohl kaum noch anderweitig gebraucht werden würde. Und weil er nicht genau wußte, ob sein Gegenüber noch an den Endsieg glaubte, fügte er rasch erklärend hinzu: »Es wird jetzt ja Sommer, gell?«
Amüsiert grinste der Kapitänleutnant und stimmte zu, verlangte aber, daß die Besatzung selbst die Kohlen aus dem Keller holen müßte. Personal oder gar Kräne würde er auf keinen Fall abstellen. »Und noch eins, kein Aufhebens. Nur wenn einer dumme Fragen stellt, berufen Sie sich auf mich. Ist das klar?« »Selbstverständlich.« Kopfschüttelnd blickte der junge Marineoffizier dem Schiffsführer der *Albatros* nach, der es plötzlich sehr eilig hatte, an Bord seines Dampfers zu kommen.
Ausgeruht von der langen, durchschlafenen Nacht wartete Willi Asmussen vor dem oben geöffneten Kombüsenschott. Seine Pfeife qualmte. Angeregt klönte er mit Jens Jensen, erinnerte an den vergangenen Abend und wollte vom Koch wissen, was es Neues an Land gebe. Jensen ließ nicht ungerne Pütt und Pann stehen und setzte zu einem längeren Monolog an, wurde aber vom Maschinisten unterbrochen, der den Alten erkannte, wie er im eiligen Schritt der mit der Backbordseite an der Pier liegenden *Albatros* zustrebte. Das konnte ein neuer Einsatz, allerdings auch die Heimreise bedeuten. Kösters sichtbarer Eifer deutete auf die letzte Möglichkeit hin. Noch bevor der Kapitän das Deck betrat, trug Asmussen dem Koch eine Wette an: »Wetten, Jens, daß es nach Hause geht?«

»Jede Menge«, ließ Jensen durchblicken, ohne über den Vorschlag nachzudenken. Egal, ob sie fuhren oder nicht, er brauchte auf jeden Fall Proviant. Inzwischen erreichte Köster die ausgelegte Gangway und fragte aufgeregt: »Sind alle Mann an Bord?« Asmussen hielt es für wahrscheinlich, verbesserte sich aber umgehend: »Alle, bis auf Helmut. Er muß noch etwas an Land erledigen. Es dauert nicht lange, hat er gesagt.«
»Weißt du eigentlich, was der Scheer immer an Land zu tun hat, Willi? Du bist doch sein Vorgesetzter.«
»Nee, keine Ahnung. Und das mit dem Vorgesetzten, der Scheer ist ein ganz unsoldatischer Typ, der kann ja noch nicht einmal richtig grüßen! Was ist los, Hein?«
»Was soll schon los sein, nichts Besonderes: Wir fahren nur nach Hause, weiter nichts!«
Grinsend drehte sich Köster ab und freute sich diebisch über seinen gelungenen Auftritt. Willi reagierte am schnellsten. Er zerrte die blaue Schirmmütze von den dünnen hellen Haaren und warf sie vor Freude in den Frühlingshimmel: »Habe ich doch gleich gesagt, was Jens? Gewettet haben wir beide, gewettet! Verdammt, was haben wir überhaupt eingesetzt, Jensen?« Vor Staunen riß der Koch den Mund sperrangelweit auf und beteuerte, überhaupt nicht gewettet zu haben. Wütend warf er einen der schweren Kochtöpfe auf die eiserne Gräting über dem Herd. Viel hätte nicht gefehlt, und aus dem Wortgefecht wäre eine Keilerei entstanden. Doch die Freude über die bevorstehende Heimreise siegte über die Meinungsverschiedenheit. Sie waren viel zu lange auf dem kleinen Schiff eingesperrt. Daß es nicht zu mehr Reibereien kam, lag wohl an der Mentalität der Männer.
»Mensch, Jensen, es geht nach Hause. Stell dir das bildlich vor! Schluß mit dem verfluchten Krieg! Bald fahren wir wieder Badegäste nach Kollund, Süderhaff, Randershof, Sandacker, Ekkensund und Gravenstein.«
Jens, froh über den beigelegten Streit, ergänzte die Aufzählung: »Du hast Solitüde, Glücksburg, Holnis und Langballigau vergessen!«
»Und noch ein paar mehr«, lenkte Willi ein und paffte heftig an seiner Pfeife, bis er merkte, daß sie ausgegangen war. Er stutzte, sah in den Pfeifenkopf, als ob er die Zukunft aus der Asche lesen könne, und beendete das Gespräch mit der Feststellung: »Hauptsache, es geht heim zu Muttern!«

Die Heimreise der »Albatros«

Köster zog sich inzwischen in seiner Kajüte hinter dem Ruderhaus um und steckte nun in alten Manchesterhosen mit ausgeprägten Kniepartien. Der noch vor Jahren passend gestrickte Pullover, in liebevoller Handarbeit hergestellt, hatte Farbe und Fasson völlig verloren. Hein störte das nicht weiter. Er war, so meinte er jedenfalls, immer entsprechend der Notwendigkeit angezogen. Davon abgesehen wollte er nicht mit einem Hapag-Kapitän tauschen. Uniformen jeder Art lehnte er ab, und er konnte Hunde verstehen, die Briefträger in die Waden bissen.
Er scheuchte seine Leute hoch, trieb sie zur Eile an. Mit geflochtenen Körben machten sie sich, angeführt vom Kapitän, auf den Weg zum nächsten Heizungskeller, von dem das Schiff runde hundert Meter entfernt lag. Irgendwann traf auch Helmut Scheer ein, gesellte sich wortlos zu den anderen und schaufelte energisch wie immer die Steinkohlen aus dem tiefen Keller, daß es nur so staubte. Obwohl Köster mit ihm ein paar sehr ernste Worte sprechen wollte, weil er sich, ohne zu fragen, von der *Albatros* entfernt hatte, blickte er nur grimmig drein. Der II. Maschinist übersah den unwilligen Gesichtsausdruck geflissentlich.
Die ungewohnte Kohlenschlepperei machte allen zu schaffen, selbst denen, die schwere körperliche Arbeit gewohnt waren. Außerdem wurden die Körbe auf dem immer länger und länger werdenden Weg meterweise um Zentner schwerer. Bald lief allen der Schweiß von der Stirn. Als erster begann der Steuermann zu fluchen und verlangte eine Erholungspause, um sich von der Schinderei auszuruhen. Sorgenvoll betrachtete er seine Hände, auf deren Pflege er gewöhnlich viel Zeit verwandte. Köster wollte aufbegehren, wollte von nicht einfach schlapp machen reden und daß sie schließlich alle nach Hause möchten, und wem das nicht paßt, der könne ja hierbleiben. Er würde keinen von ihnen halten. Aber er kam nicht dazu, er hatte zu lange nachgedacht. Willi Asmussen warf die Schaufel in die Ecke und brummte aufsässig: »Hein, wir machen einen Fehler!«

»Einen Fehler?« wiederholte Köster und zog die schwarzgewordene Stirn kraus.
»Ja, einen Fehler! Wir sollen doch Soldaten mitnehmen und ein paar Schreibtischheinis, oder?« »Das stimmt, und weiter?«
»Und weiter, verstehst du denn nicht? Warum zum Teufel lassen wir unsere Passagiere die Passage nicht abarbeiten? Seit Christi Geburt ist das auf Passagierdampfern so usus!« Hein Köster ärgerte sich. Auf die Idee hätte er auch kommen können, müssen sogar. Aber konnte er jetzt klein beigeben? Eine heikle Frage, aber dann dachte er an die Arbeit und daß sie noch sehr viele Kohlenkörbe schleppen mußten, bevor die Bunker der *Albatros* gefüllt waren. Schließlich siegte die Vernunft: »Also einverstanden: Ein paar Körbe noch, dann hören wir vorerst auf. Ich werde inzwischen die Lage peilen.« Er drückte Willi seine Schaufel in die Hand und schlenderte an Bord, säuberte sich, um auf der Kommandantur nicht unangenehm aufzufallen. Als der Kapitänleutnant ihn sah, runzelte er verdrießlich die Augenbrauen und klopfte nervös mit dem Bleistift auf die Schreibtischplatte. Für ihn schien wichtig, daß die *Albatros* so schnell wie möglich aus Swinemünde verschwand. Köster fragte nicht nach den Gründen. Ihm konnte es nur recht sein. Außerdem quälten ihn andere Sorgen. Seit Tagen liebäugelte er mit einem neuen, sorglos abgestellten Fahrrad, das im gegenüberliegenden Lagerhaus stand. Noch am Morgen hatte er sich vom Vorhandensein des kostbaren Zweirades überzeugt. Einen Moment lang hatte er sogar mit dem Gedanken gespielt, es zu organisieren, die Methode, nach der Marinesoldaten zu Gegenständen kamen, die nicht für sie bestimmt waren. Doch er hatte widerstanden, wenn auch aus Angst, denn mit Plünderern verfuhren die Oberen rigoros.
Er stand schon im Türrahmen, die Hand auf der Klinke, als er so beiläufig wie nur möglich fragte, ob das alte Fahrrad aus dem gegenüberliegenden Schuppen auch mitgenommen werden solle. Merkwürdigerweise zeigte sich der Offizier sofort im Bilde und lehnte eine Verladung auf die *Albatros* ab. Hein Köster dachte sich seinen Teil und verschwand. Trotzdem bedauerte er die Entscheidung, denn in den letzten Tagen war ihm der Drahtesel ans Herz gewachsen. In Flensburg hätte er ihn gut in der Mittagspause gebrauchen können, um vom Anlegeplatz am Bollwerk schnell zum Essen nach Hause zu fahren. Den Weg zu Fuß zurückzule-

gen, dauerte zu lange. Die Zeit, um in aller Ruhe zu essen, reichte nicht. Die Reederei sah es nicht gerne, wenn ihre Dampfer unpünktlich ablegten. »Nach unseren Schiffen kann man die Uhren stellen«, hieß ein Slogan unter den Kontoristen.

Das Flugzeug hörten sie zur gleichen Zeit. Es raste im Tiefflug über die Stadt und sprang förmlich über die Dächer der Häuser, soweit sie noch welche trugen. Die kleine Flak ballerte los. Köster nahm unterbewußt wahr, wie sein Gesprächspartner mit einem Hechtsprung hinter dem schweren Schreibtisch verschwand und ließ sich ebenfalls zu Boden fallen. Die unmittelbare Gefahr schien vorbei, das furchterregende Geräusch der abfliegenden Maschine verebbte, als es nahe bei ihnen fürchterlich krachte. Die folgende Explosionswelle riß sämtliche Fenster auf dieser Gebäudeseite aus den Angeln. Glas splitterte, eine dichte Staubwolke zog ungehindert durch den Büroraum und nahm ihnen den Atem. Hustend erhoben sich beide Männer unversehrt vom Fußboden. Der Marineoffizier versuchte zu grinsen und klopfte sich mit den Händen den Schmutz von der Uniform. Zitternd suchte Hein Köster den Ausgang. Er wollte verschwinden, doch der Kapitänleutnant winkte ihn zum herausgerissenen Fenster. Obwohl er wenig Lust verspürte, einen weiteren Bombentrichter zu betrachten, folgte er der Aufforderung. Das gegenüberliegende Lagerhaus lag in Trümmern. Köster begann zu lachen, laut und abgehackt, es klang wie mißlungenes Trommelfeuer. Besorgt erkundigte sich sein Partner, ob auch wirklich alles in Ordnung sei.

»Doch, doch«, beruhigte ihn Köster und wischte sich ein paar Tränen aus den Augenwinkeln, »aber nun hat keiner von uns das Fahrrad, es ist hinüber!«

Dem Offizier verschlug es die Sprache. Er schob den Schiffsführer der *Albatros* aus dem Büro.

Gegen Mittag tauchten die ersten Mitfahrer an Bord auf, alles ältere Soldaten aus der Etappe, gutgenährt und heilfroh, daß sie Swinemünde verlassen sollten. Willi Asmussen setzte sie, wie sie eintrafen, entsprechend der Abmachung ein. Nun konnten die Kohlen mit einem auf dem großen Gelände abgestellten Lastwagenanhänger vom Heizungskeller zum Schiff gebracht werden. Obwohl die Zugmaschine fehlte und die Männer den Anhänger eigenhändig bewegen mußten, erfolgte das Bunkern zügiger.

Als Köster die zur Messe umgebaute Kajüte über den Niedergang betrat, um die Mittagsmahlzeit einzunehmen, dem Geruch nach zu urteilen gab es pommersche Steckrüben, hörte er Scheer zu den anderen an der Back Sitzenden sagen: »Wenn wir früher gemeutert hätten, wären wir schon längst zu Hause.«

Köster ärgerte sich, tat aber so, als ob er damit nicht gemeint sein könnte, und setzte ein harmloses Gesicht auf.

Bei der zu übernehmenden Ladung handelte es sich überwiegend um Kolben, Buchsen und Zylinderköpfe von schnellaufenden Motoren. Als die kleine Luke auf dem Vordeck mit Persenningen abgedeckt und seefest verschlossen werden konnte, mußte das Bunkern infolge fehlender Kohlen abgebrochen werden. Leider mißlang der Versuch von Jensen, zusätzliche Lebensmittel zu besorgen. Swinemünde schien kahlgefressen zu sein. Zum Glück trugen die Depotsoldaten mehr als nur ihre eiserne Ration in den prall gefüllten Segeltuchtaschen. Sie breiteten sich in der Restauration und der achteren Kajüte aus. Nach getaner gemeinsamer Arbeit für das Schiff betrachteten sie den kleinen Dampfer mit ganz anderen Augen. Zum ersten und letzten Mal in der Geschichte der *Albatros* brauchte der II. Maschinist auf seiner Wache nicht selbst die Kohlen zu schaufeln. Er fand mehr freiwillige Helfer, als er verwenden konnte.

Noch einmal mußte Heinrich Köster zum Verwaltungsgebäude, um sich abzumelden und die Papiere für das Schiff und die Ladung zu holen. Das Büro des Marineoffiziers war leer, Glasscherben lagen noch herum, dazwischen verstreute Akten und Papiere. Der Alte schüttelte über so viel Unordnung den Kopf. Wahrscheinlich sollte das Gebäude sowieso in die Luft gesprengt werden. Seinen Kapitänleutnant fand er schließlich in einem anderen Stockwerk am Schreibtisch sitzend, die Papiere griffbereit zur Hand, abgestempelt und unterschrieben. Zum Abschied erhob sich der Marineoffizier und reichte Köster die Hand: »Leben Sie wohl, Kapitän Köster. Sie haben ganze Arbeit geleistet. Viel Glück und gute Reise! Und noch eins, wenn etwas ist, kommen Sie zu mir, gell?«

Ein wirklich netter Kerl, dachte Köster, als er sich verabschiedete, schade, daß sie nicht alle so sind und daß die Sache mit dem Fahrrad nicht geklappt hat.

Die Männer der *Albatros,* aber auch die Passagiere standen bereits erwartungsvoll an Deck. Sie wollten Swinemünde verlassen und fanden jede weitere Verzögerung unzumutbar. Köster verstand sie zu gut, es ging ihm nicht anders, auch er hatte die Nase voll und wollte weg. Noch bevor er das Deck seines Schiffes betrat, winkte er, so wie es früher Thorsten Rautell gemacht hatte, wenn er es eilig hatte, und seine Leute begriffen diese Geste sofort.

Mit voller Pulle dampften sie aus dem Hafen, vorbei an im Päckchen liegenden Minensuchern, und erreichten die offene See. Keiner von der Besatzung blickte zurück. Sie waren zwar nicht abergläubisch, aber niemand wollte das Glück herausfordern. Als sie glaubten, nun könne nichts mehr passieren, kein Mensch sie aufhalten, kam das Unerwartete. Über Häuser und Schiffe springend, rasten zwei Flugzeuge im Tiefflug hinter ihnen her, dem Kielwasser folgend. Die Soldaten an Deck warfen sich auf die Planken. Alles schrie durcheinander. Köster erkannte die Gefahr fast zu spät. Er duckte sich, konnte die roten Sterne unter den Tragflächen erkennen und die Köpfe der Piloten. Sie blickten auf ihn herab, auf ihn. Jetzt müßten kleine rotgelbe Flammen aus den Tragflächen schlagen, aber nichts dergleichen geschah, die Kanonen blieben stumm. Ein mächtiger Luftzug, und die beiden Maschinen donnerten über ihre Köpfe hinweg, zogen eine große Schleife und verschwanden in Richtung Küste.

Willi Asmussen, der mit aschgrauem Gesicht nicht weit von Köster entfernt für sein Leben fürchtete, konnte es nicht glauben. Die kalte Pfeife zwischen den reparaturbedürftigen Zähnen, fragte er stereotyp: »Was war das, was war das, was war das?«

Köster: »Keine Ahnung. Ich habe den Russen gesehen. Er hat mich direkt angeschaut, mich! Das ist nicht zu fassen. Ist vielleicht der Krieg vorbei, und wir haben das Ende verpaßt?« Asmussen dachte nach, was er geschickt hinter dem Anzünden des Tabaks in seiner Pfeife verbarg, grinste und sagte anzüglich: »Ich glaub', der Iwan hat dich gesehen und Angst bekommen!« Der spontane Beifall der Umherstehenden löste die Spannung. Durch den Greifswalder Bodden, ein Fahrwasser, das sie inzwischen fast so gut kannten wie die Flensburger Förde, ging die Fahrt weiter nach Stralsund. Sie hofften, dort ihre zusammengeschmolzenen Lebensmittelvorräte ergänzen zu können. Bezugscheine und Lebensmittelkarten hatten durch einen einfachen Erlaß ihren Wert eingebüßt. Doch was half diese späte Großzügigkeit der Behörde? In der ganzen

Stadt wurden nur Hülsenfrüchte und Kartoffeln angeboten, aber kein Fleisch, keine Wurst, kein Fett. Schneeweiße Wolldecken kauften sie schließlich, aber ohne Begeisterung. Statt Proviant kamen noch mehr Personen an Bord. Flüchtlinge aus Pommern und Ostpreußen, ältere Männer, Frauen mit ihren Kindern. Köster ließ sie gewähren, es kam schon nicht mehr darauf an. Nicht gerade begeistert, rückten die Depotsoldaten enger zusammen. In den Abendstunden sollte draußen ein Konvoi zusammengestellt werden, doch Hein Köster vertraute auf sein Glück und wollte es wieder auf eigene Faust versuchen. Schließlich lebten sie noch alle, und das sprach für seine Methode.
Nachts zog Nebel auf. Die Welt schrumpfte zusammen. Feuchte Schwaden lagen über dem ruhigen Wasser, flogen gespenstisch durch das schwache Licht der Positionslaternen. Eine helle Glocke bimmelte. Die Luft trug ihre einsam klingenden Schläge weit fort: Ein Ankerlieger. Die *Albatros* bewegte sich mit langsamer Kraft vorwärts. Irgendwo versteckt in dieser nächtlichen Brühe lag Gjedser Feuerschiff, es zu finden, hing vom Zufall ab. Auf der Brücke herrschte gespannte Aufmerksamkeit. Jensen vertrat sich auf der Back die Füße. Er war nicht allein. Mitunter hörten sie ihn sprechen. Köster spürte, wie sich sein Magen zusammenzog. Befanden sie sich überhaupt noch auf dem Zwangsweg? Was tun, wenn jetzt eines der Teufelseier hochging? Eiserne Wilhelms, hatte sie Thorsten Rautell genannt. Wie es ihm wohl ging? Köster nahm sich vor, ihn zu besuchen, sobald sie in Flensburg festgemacht hatten. Das bin ich ihm schuldig, dachte er und wunderte sich über seine Gedanken. Er mußte das Feuerschiff finden!
Ihm fiel ein, daß die in Swinemünde übernommenen Eisenteile den flüchtigen Magnetismus im Schiff verändert und den Kompaß irritiert haben könnten. Ein dumpfer Schlag, lautes Gepolter. Erschreckt fuhr Hein Köster zusammen. Doch ausnahmsweise war nichts passiert, einem der an Deck umherschleichenden Soldaten war lediglich seine Gasmaskenbüchse runtergefallen. Schluß, Ende, in diesem Nebel würden sie das Feuerschiff nie finden, und mit jeder weiteren Minute wuchs die Gefahr. Warten konnte sich tödlich auswirken. Als er anweisen wollte, den Anker klar zum Werfen zu machen, schrie Jensen: »Feuerschiff voraus!« Ein Blick, tatsächlich, nicht zu fassen, da lag es mit einer unglaublichen Selbstverständlichkeit, umwogt von höllischen Nebelschwaden.

Großadmiral Karl Dönitz, Oberbefehlshaber der Kriegsmarine.

»Die Rettung der deutschen Ostbevölkerung hielt ich unter diesen Umständen für die erste Pflicht, die der deutsche Soldat noch zu erfüllen hatte. Wenn wir zu unserem Schmerz den Ostdeutschen ihr Heimatland nicht erhalten konnten, so durften wir sie bei der Rettung ihres nackten Lebens keinesfalls im Stich lassen.« *(Dönitz)*

Generaladmiral Oskar Kummetz, Befehlshaber Marineoberkommando Ostsee.

Admiral Theodor Buchardi, Admiral östliche Ostsee.

Konteradmiral Conrad Engelhardt, Seetransportchef in der Schiffahrtsabteilung.

Die Besatzung der »Albatros«. V. l.: Kapitän Thorsten Rautell, I. Maschinist Willi Asmussen, Steuermann Heinrich Köster, Luftwaffensoldat als Gast an Bord, Matrosen Jens Jensen und Rolf Bertram, Heizer August Hansen.

Als die »Albatros« in Pillau einlief, lag die »Ubena« noch an der Pier, doch die großen Wohnschiffe der Kriegsmarine bereiteten sich auf die Abreise nach Westen vor.

Der KDF-Dampfer »Robert Ley« in der Seestadt Pillau, nicht als Gast auf einer Sommerreise, sondern als Wohnschiff für die U-Boot-Ausbildungsflottille.

Minensucher »August Bröhan«.

Motorschiff »Goya« auf einer der letzten Reisen von Swinemünde nach Hela. Zwei Torpedos trafen den Transporter, und über 7000 Menschen verloren ihr Leben.

Heinrich Köster, Jahrgang 1910, begann seine Laufbahn als 14jähriger auf der »Albatros«, vervollständigte seine Lehrzeit auf größeren Frachtschiffen und kehrte 1938 als Matrose auf die »Albatros« zurück. Am 1. März 1945 übernahm der inzwischen zum Steuermann avancierte die Schiffsführung.

Thorsten Rautell wurde 1879 in Finnland geboren. Mit 14 Jahren ging er zur See, besuchte in Flensburg die Navigationsschule und kam 1908 zur »Vereinigten«.

»Nadir«, Schulschiff der Kriegsmarine, wurde nach Auflösung des Verbandes ebenfalls zum Abtransport von Soldaten und Flüchtlingen eingesetzt. Eine Nacht lang lag der ehemalige Dampfer »Schwalbe« zusammen mit der »Albatros« in Swinemünde an einer Pier.

»Hart Steuerbord!«
»Ruder liegt hart über«, wiederholte der Steuermann, und gehorsam, geradezu leichtkielig schwenkte die schmale *Albatros* herum. Viel hätte nicht gefehlt, und das grüngestrichene Feuerschiff wäre von ihnen mittschiffs gerammt worden. Erleichtert klopfte Hein Köster mit dem Knöchel gegen den hölzernen Fensterrahmen, murmelte unchristliche Zaubersprüche und schloß den Dankmonolog mit der Feststellung, daß er mit Sicherheit graue Haare hätte, wenn die *Albatros* in Flensburg anzukäme, wenn sie überhaupt jemals ankäme, verbesserte er sich.
Mit Insichtkommen des Feuerschiffs konnten sie von einer gesicherten Position aus die Weiterreise antreten, aber auch ankern. Beide Möglichkeiten galt es zu überdenken. Fuhren sie weiter und die Sicht besserte sich nicht, gerieten sie vielleicht doch noch in eines der Minenfelder oder liefen auf eines der zahlreichen Wracks auf. Warteten sie aber besseres Wetter ab, kamen mit Sicherheit englische Flieger. Ohne Glück konnte jede Entscheidung in einer Katastrophe enden.
Nicht weit von ihnen entfernt heulte ein dumpfgestimmtes Typhon auf. Dampfer antworteten in einer Vielzahl von unterschiedlichen Tönen, dazwischen heulten Sirenen der Begleitfahrzeuge. Offenbar näherte sich der Geleitzug dem Feuerschiff Gjedser. Noch überlegte er, ob es nicht ausnahmsweise ratsam wäre, sich dem Konvoi anzuschließen, als aufgeregt zwei Frauen auf der Brücke erschienen. Mitreisende sollten zwar den Brückenbereich meiden, aber selbst Köster nahm es damit nicht so genau. »Frau Mehlsack, die kleine Blonde aus Saalfeld, liegt in den Wehen, Herr Kapitän, und von uns hat keiner Erfahrungen in der Entbindung. Eine Hebamme oder ein Arzt ist nicht an Bord. Wenn Sie vielleicht nach ihr schauen könnten, Herr Kapitän, es würde ihr sicher helfen.«
Das hatte Köster gerade noch gefehlt!
Eine Entbindung auf See, und kein Arzt auf dem Schiff! Um Himmelswillen, dachten die verrückten Weiber im Ernst daran, daß er, daß er ... Nein! Niemals! Also das kam überhaupt nicht in Frage. Es gab vielleicht Kapitäne, die gerne andere verarzten, er hatte davon gehört. Einem stämmigen Matrosen einen Furunkel aufschneiden, war eine Sache, aber eine Entbindung, nein!
Unter dieser Bedingung blieb ihm keine andere Wahl, als die Weiterfahrt zu versuchen. Den auf der Back postierten Matrosen winkte er zu, gut

aufzupassen. Es gelang ihm sogar, die beiden aufgeregten Frauen zu überzeugen, daß seine Anwesenheit auf der Brücke notwendig sei. Er sagte nicht, daß er nicht helfen würde, falls das Baby in seiner Koje auf die Welt kommen sollte. Spontan stellte er seine Kajüte der werdenden Mutter zur Verfügung.
Obwohl sie nicht mit voller Maschinenleistung fuhren, machte die *Albatros* recht flotte Fahrt. Sie riecht den heimatlichen Stall, dachte Köster, und da soll noch einer sagen, Schiffe haben keine Seelen. Bei Fehmarn klarte es langsam auf. Zwar blieb die Kimm belegt, und mitunter zogen auch noch Nebelschwaden über die ölig wirkende See, aber sie konnten sich gut freisehen. Bald darauf stob der kleine Dampfer mit äußerster Kraft dem rettenden Hafen Kiel zu.
Laboe lag hinter ihnen, der Leuchtturm von Friedrichsort schob sich aus der Dämmerung. Vorsichtig kroch der Morgen über den Horizont und färbte den Himmel grau ein. Ein neuer Tag brach an. Köster sah auf. Ein, zwei Jäger stürzten im Tiefflug auf die *Albatros* zu. Sie legten sich auf die Seite.
»Fliegeralarm!« schrie er, so laut er konnte, und warf sich auf die Planken. Doch nichts geschah, keine Bordwaffen ballerten, keine Bombe detonierte, es fehlte auch das Geräusch eines anfliegenden Flugzeuges. Der hinter dem Ruder postierte Steuermann bemerkte trocken: »Waren nur Möwen, Käpt'n!« Möwen, nur Möwen! Kein Wunder, dachte Hein Köster, als er wieder auf den Beinen stand und sich verlegen bemühte, so zu tun, als wäre nichts passiert, ich bin hundemüde, und meine Nerven sind überreizt. Noch so eine Fahrt, und ich bin reif fürs Irrenhaus. Wie hat Thorsten Rautell das nur ausgehalten?
Langsam erholte er sich vom Schreck, beobachtete aber weiter die Möwen in der Luft, die mitunter wirklich wie angreifende Jäger erschienen. An Land heulten Sirenen auf, schwere Flakgeschütze begannen ihr Konzert. Ihre Granaten zerplatzten in der Luft und ließen Staubwölkchen zurück. Leuchtspurgeschosse kletterten in leicht geschwungenen Bahnen zum Himmel empor. Nun entdeckte er auch die Flugzeuge, wie sie über die Flügel abkippten und aus allen Kanonen feuernd zur Erde auf die ausgemachten Ziele stürzten. Auf was sie schossen, konnte er nicht ausmachen. Obwohl die an Land stehenden Flakbatterien von den Geschützen der Kriegsschiffe unterstützt wurden, ließen sich die angreifenden

Engländer davon nicht wesentlich beeinflussen. Sie bewiesen, so dachte Köster, unverständlichen Mut. Ihnen gehörte der Luftraum. Unversehrt zogen die Piloten ihre Maschinen wieder hoch und verschwanden. Sie sahen wie Möwen aus.

Das ist hier ja noch schlimmer als in Swinemünde, äußerte Köster und kam aus dem Staunen nicht heraus. Das Kiel der noch frühen Kriegsjahre gab es nicht mehr. Überall lagen zerbombte oder auf Luftminen gelaufene Schiffe. Die Förde war ein großer Friedhof von Dampfern und Kriegsfahrzeugen aller Art, die Stadt ein einziger Schuttplatz. Ein Wunder, daß in diesen Ruinen noch Menschen lebten und für die Weiterführung des Krieges arbeiteten. Die Werften schienen Trümmerhaufen zu sein. Gekentert lag der schwere Kreuzer *Admiral Scheer* an der Pier, im Dock die *Admiral Hipper*. Je weiter sie in den Hafen eindrangen, desto größer das Chaos. Willi Asmussen, der Heizer, Jensen, selbst der Schiffsjunge hatte es unten nicht mehr ausgehalten.

Sie alle drückten sich oben auf dem Brückendeck herum und rückten immer näher zusammen. Asmussens blaue, etwas speckig gewordene Schirmmütze hing leicht in seinem Nacken. Aus der Stummelpfeife qualmte es fürchterlich. Es stank bestialisch nach trockenem Seegras und biß stärker in den Augen als der Rauch aus dem Schornstein. Der Maschinist schüttelte immer wieder den Kopf und fragte anklagend: »Mein Gott, wer hat das bloß gemacht?«

Keiner antwortete, bis auf den Moses, der etwas von Terror vor sich hinmurmelte, aber er war jung und wußte es nicht besser. Niemand ging auf seine Bemerkung ein.

Hein Köster sah erschöpft und müde aus. Sie fanden in der Nähe des Bahnhofs keinen geeigneten Liegeplatz, drehten um und fuhren nach Holtenau. Erst als die werdende Mutter ins Krankenhaus abtransportiert wurde, atmete Köster auf. Wenigstens die Entbindung war ihm erspart geblieben, was die Besatzung nicht hinderte, bei jeder sich bietenden Gelegenheit darauf zurückzukommen und sich auszumalen, wie ihr Kapitän Hebamme spielte. Sie schwiegen erst, als ihm die Flachserei zu dumm wurde und er behauptete, daß er auch das geschafft hätte.

In Holtenau konnten sie kaum bleiben. Die Nähe der noch betriebsbereiten Schleusen behagte dem Kapitän der *Albatros* nicht. An Weiterfahren war nicht zu denken, erst mußten die Maschinenteile gelöscht werden. Je früher sie damit fertig wurden, desto besser für sie, hoffte Köster. Sie verholten zum Marinedepot. Die Soldaten verließen zusammen mit der Ladung das Schiff, die Flüchtlinge aber blieben und zeigten kein Interesse, in Kiel auszusteigen. Wo auch sollten sie in dieser total zerstörten Stadt hin? Flensburg schien allen sicherer, heiler zu sein. Doch die Lebensmittel reichten nicht. Viele hatten den ganzen Tag noch nichts gegessen. Köster wagte nicht, einen der führenden Offiziere nach einer Weiterverwendung des Schiffes zu befragen, denn für einige von ihnen begann offensichtlich erst der Krieg. Als sich keine Ladungsteile mehr an Bord befanden, legten sie vom Depot ab und kreuzten von Hafenbecken zu Hafenbecken, um Eßbares aufzutreiben. Das Glück ließ sie nicht im Stich. Im U-Boot-Hafen kochten ihm Marineköche einen ganzen Pott Haferflocken. Der mit richtigem Zucker stark gesüßte Pamps füllte wenigstens den Magen, und vorübergehend fühlte sich jeder an Bord gesättigt und wohl.

Am Abend hockte Hein Köster länger als gewöhnlich über dem Schiffstagebuch der *Albatros*, um die Ereignisse des letzten Apriltages in Kurzform festzuhalten. Im Text fand sich kein Wort über die Ängste, Zweifel und Sorgen des Kapitäns. Im Tagebuch eines Schiffes gibt es dafür keine Rubrik.

Als Köster in seiner kleinen Kajüte saß und schrieb, um ihn herum die vertrauten Gegenstände seines alltäglichen Lebens, ein paar abgegriffene Bücher im Bord, die vergrößerte Fotografie seiner Frau im dünnen Silberrahmen an der Wand über dem Schreibtisch – das beruhigende Ticken seiner alten Taschenuhr gehörte dazu – kam auch die Zuversicht wieder, die ihm anvertrauten Menschen heil durch die letzten Kriegstage zu bringen.

In Flensburg ist kein Plätzchen frei

Als Kapitän Heinrich Köster über dem Schiffstagebuch der *Albatros* brütete, konnte er nicht wissen, daß Adolf Hitler am späten Nachmittag im Führerbunker in Berlin Selbstmord verübt hatte. Es gab nur wenige Augenzeugen, und Reichsleiter Martin Bormann hielt diese Nachricht auch gegenüber dem im Testament bestimmten Nachfolger Hitlers vorerst zurück. Kurz nach 17.00 Uhr ließ der allgewaltige Reichsleiter an Großadmiral Dönitz folgendes Telegramm absetzen:
»Großadmiral Dönitz. An Stelle des bisherigen Reichsmarschalls Göring setzt der Führer Sie, Herr Großadmiral, als seinen Nachfolger ein. Schriftliche Vollmacht unterwegs. Ab sofort sollen Sie sämtliche Maßnahmen verfügen, die sich aus der gegenwärtigen Lage ergeben.«
Dönitz selbst zeigte sich von dieser Entwicklung völlig überrascht, denn seit dem mißlungenen Putsch gegen Hitler am 20. Juli 1944 hatte er den Führer nur noch in großem Kreis gesprochen. Er vermutete, daß Hitler ihn für diese Aufgabe bestimmt hatte, weil er den Weg zur Beendigung des Krieges durch einen Soldaten frei machen wollte. Erst im Winter 1945/46, als ihm in Nürnberg Hitlers Testament bekannt wurde, erfuhr er, daß Hitler von ihm die Fortsetzung des Kampfes gefordert hatte.
Noch lag die *Albatros* im Kieler Hafen. Die Schiffsführung tat nichts, um auf sich aufmerksam zu machen. Englische Flugzeuge hingen kontrollierend in der Frühlingsluft über der Förde und schossen wie hungrige Habichte auf alles hinab, was auf dem Wasser schwamm. In den frühen Abendstunden flog bei einem der zahlreich durchgeführten Angriffe ein Munitionsdepot in die Luft. Die Detonationswelle zerstörte im Umkreis auch die letzten noch heil gebliebenen Fensterscheiben. Als sich an Bord des kleinen Dampfers der Schreck gelegt hatte, setzten sich Köster und Asmussen zusammen, um über ihre Zukunft nachzudenken. Hier in Kiel zu bleiben, hieß das Glück herausfordern. Die stark eisenhaltige Luft bekam ihnen nicht, aber durften sie ohne Anweisung den Hafen in Richtung See überhaupt verlassen? Was geschah, wenn sie unterwegs an-

gehalten wurden? Es stellten sich Fragen über Fragen. Die beiden Männer grübelten, entwickelten und verwarfen Pläne, konnten sich jedoch nicht einigen. Die Verantwortung ließ sich nicht aufteilen.
Wahrscheinlich wären sie in Kiel hängengeblieben, wenn nicht in den späten Abendstunden über den Hamburger Sender der Tod Adolf Hitlers bekanntgegeben worden wäre. Kaum einer der Flüchtlinge ging schlafen, sie scharten sich um das festgeschraubte Radio in der Kajüte, diskutierten und warteten auf weitere Meldungen. Für Köster hieß diese unerwartete neue Lage, daß der Krieg zu Ende sei. In der Nacht folgte über den Rundfunk ein Aufruf von Großadmiral Dönitz:
»Der Führer hat mich zu seinem Nachfolger bestimmt. Im Bewußtsein der Verantwortung übernehme ich die Führung des deutschen Volkes in dieser schicksalsschweren Stunde. Meine erste Aufgabe ist es, deutsche Menschen vor der Vernichtung durch den vordrängenden bolschewistischen Feind zu retten. Nur für diesen Zweck geht der militärische Kampf weiter. Soweit und solange die Erreichung dieses Ziels durch die Briten und Amerikaner behindert wird, werden wir uns auch gegen sie weiter verteidigen und weiterkämpfen müssen. Die Angloamerikaner setzen dann den Krieg nicht mehr für ihre eigenen Völker, sondern allein für die Ausbreitung des Bolschewismus in Europa fort.«
Es gab Flüchtlinge auf der *Albatros,* die ernsthaft meinten, daß jetzt die große Wende kommen werde. Köster und Asmussen teilten diese Ansicht nicht und konnten sich auf den Tagesbefehl an die deutschen Soldaten stützen: »Ich verlange Disziplin und Gehorsam. Nur durch vorbehaltlose Ausführung meiner Befehle werden Chaos und Untergang vermieden. Ein Feigling und Verräter ist, wer sich gerade jetzt seiner Pflicht entzieht und damit deutschen Frauen und Kindern Tod und Versklavung bringt. Der dem Führer geleistete Treueid gilt nunmehr für jeden einzelnen von Euch ohne weiteres mir als dem vom Führer eingesetzten Nachfolger.«
Wenn nicht jetzt, dann nie, dachte Hein Köster und teilte Willi Asmussen seinen Entschluß mit, umgehend Kiel zu verlassen. Der Maschinist zeigte sich zwar überrascht, stimmte aber sofort zu: »Ich habe auf Hitler keinen Eid geschworen, Hein, und Soldaten sind wir beide nicht. Was kann uns schon passieren?«
Hein sah die Sache nicht ganz so einfach, rechnete aber damit, daß in

diesen Stunden alle Befehlsstellen nicht so reibungslos funktionierten wie sonst in Preußen. Als sich unter den Flüchtlingen herumsprach, daß sie abfahren wollten, kam eine aus drei Personen bestehende Abordnung zum Kapitän und protestierte gegen dieses Vorhaben. Sie meinten, der Krieg sei morgen oder übermorgen vorbei, und dann könnten sie sofort nach Kolberg und Memel zurückfahren. »Wir sind doch da zu Hause«, gaben sie zu bedenken.

»Das ist ja ganz schön und gut, aber wir nicht. Nach Hause könnt ihr auch von Flensburg fahren.« Ohne weiter zu debattieren, warfen sie die Leinen los und schlichen sich aus dem Hafen. Kein Scheinwerfer flammte auf, die Signalstation blieb ruhig, und kein Patrouillenboot setzte ihnen nach, als sie die Sperre bei Friedrichsort passierten. Das Befehlschaos konnte kaum größer sein. Trotzdem mißtraute Köster der plötzlich zu Tage getretenen Gleichgültigkeit und argwöhnte, daß ihr Verschwinden über Funk an alle deutschen Dienststellen weitergeleitet würde. Ein Grund mehr, dänische Gewässer aufzusuchen und Flensburg vorerst zu meiden. Davon abgesehen, lebten in Sonderburg viele dänische Freunde aus vergangenen Zeiten. Sie würden staunen und sich freuen, die *Albatros* und ihn als Kapitän des Schiffes zu sehen.

Sie drehten noch vor Kiel-Feuerschiff nach Norden ab. Und wieder meinte es Fortuna gut mit ihnen. Kaum war das Feuerschiff außer Sicht, wurden alle ankommenden Fahrzeuge an der Weiterfahrt nach Norden wegen Minengefahr gehindert und mußten warten. Die Zeit verging, immer mehr kleine und größere Frachter trafen ein. Sie lagen dichtgedrängt auf verhältnismäßig engem Raum wie auf einem Präsentierteller. Die Engländer ließen sich diese unbewegliche Ansammlung von Schiffen nicht entgehen. Ihre Luftaufklärung meldete rechtzeitig eine Konvoibildung in der Kieler Förde. Die Bildauswerter nahmen an, die Transporter wollten sich nach Norwegen absetzen, und griffen mit ihren Kampfflugzeugen energisch an. Frachter flogen in die Luft, brannten lichterloh, sanken oder wurden auf Strand gesetzt, und so mancher Seemann verlor sein Leben. Am 3. Mai 1945 büßte die deutsche Handelsflotte zwischen der Lübecker Bucht und Eckernförde neunzehn Schiffe ein, ein rabenschwarzer Tag, aber auch die Engländer werden diesen Tag nie feiern, denn sie versenkten vor Neustadt auch die mit KZ-Häftlingen vollgestopfte *Cap Arcona* und den Hansa-Frachter *Thielbek*. Rund 9 000 Men-

schen kamen dabei um, die sich schon Hoffnung auf eine baldige Befreiung gemacht hatten. Als einer der wenigen heil gebliebenen Frachter erreichte die langsame *Lotte* die Flensburger Förde. Zu dieser Zeit hatten Wind und See das schmale Kielwasser der *Albatros* längst ausradiert. Die kurze Strecke nach Sonderburg, auf der sie öfter von kleinen schnellen Kriegsschiffen überholt wurden, hatten sie schnell zurückgelegt. Abgesehen von der Furcht, doch noch von den eigenen Leuten aufgebracht zu werden, verlief die Reise ohne Zwischenfall. Doch welche Enttäuschung, als sie am Schloß vorbeiliefen und Einblick in den Hafen nehmen konnten. Am Dampfschiffspavillon drängte sich Schiff neben Schiff, und jenseits der Brücke sah es noch schlechter aus. Einen freien Anlegeplatz fanden sie nicht und mußten neben einem alten, heruntergekommenen Frachter längsseits gehen, der bestimmt vor dem berühmten Schwarzen Freitag seinen letzten Außenbordanstrich erhalten hatte.
Als sich keine dänischen Beamten blicken ließen, mit deutschen rechnete Hein Köster ja nicht mehr, eilte Helmut Scheer an Land. Der Alte überlegte, ob er ihm nachgehen sollte, um endlich herauszufinden, was den II. Maschinisten immer so schnell von Bord trieb. Er unterließ es, weil er sich nicht lächerlich machen wollte, und begab sich statt dessen zum Hafenkapitän. Ordnung muß sein, auch wenn die Welt in Trümmer fällt. Hein Köster fühlte sich in der Rolle eines Rebellen unwohl. Mit schweren Beinen und leichtem Druck auf dem Magen setzte er sich in Bewegung. Für einen Augenblick überfiel ihn die Angst, die *Albatros* nicht wiederzusehen. Willi Asmussen begriff seinen Zustand und klopfte ihm vertraulich auf die Schulter, wollte ihm zu verstehen geben, daß schon alles gut werden würde. Noch kannst du jederzeit umkehren, dachte Köster auf dem Weg. Als er vor dem Gebäude stand, in dem der Hafenkapitän residierte, überwand er seine Furcht und klopfte an.
Der Vertreter des Hafenkapitäns, ein älterer Herr mit dünngewachsener Brust und zahlreichen Orden aus dem Ersten Weltkrieg am blauen gutsitzenden Uniformrock, empfing ihn bärbeißig mit den Sätzen: »Unser Führer ist gefallen, in Berlin! Der Krieg geht weiter, bis zum Endsieg! Sie fahren sofort nach Südnorwegen. Ihre Flüchtlinge können hier bleiben, das ist eine Vergünstigung, die Sie hoffentlich zu schätzen wissen. Sonst noch Fragen? Nein? Danke! Heil Hitler!«
Und schon befand sich Hein Köster wieder draußen auf der Straße. Die

Sonne lachte. Am blauen Himmel tummelten sich vereinzelte weiße Wolken in unerreichbaren Höhen. Möwen kreischten, und auf dem Gehweg zankten sich Spatzen. Eine junge Frau im rotgeblümten Kleid radelte vorbei. Der Fahrtwind gab die Schenkel frei, sie lächelte.
Kein Wort von Kiel und ihrer nicht genehmigten Abreise, kein Volksgerichtshof oder Standgericht. Ein guter Grund zum Feiern, stellte Hein fröhlich fest. Im gleichen Gedankengang aber begriff er, was der seltsame Herr von ihm forderte. Der Traum vom Frieden, wenigstens vom Ende des Krieges erwies sich als Seifenblase. Wenige Worte genügten, um den Himmel zu verdunkeln und sämtliche Pläne über den Haufen zu werfen. Ihm wurde übel, sein Magen revoltierte. Das gab es doch gar nicht: Die kleine *Albatros* nach Norwegen zu schicken, hieße Gott versuchen, vom Glück ganz zu schweigen. Welcher halbwegs vernünftige Mensch fuhr freiwillig mit einem Paddelboot über den Nordatlantik?
Nicht mit mir, dachte Köster empört und enttäuscht zugleich, drehte sich auf der Stelle um und machte kehrt. Mit dem Ergebnis hätte er sich kaum an Bord der *Albatros* trauen können, ohne eine offene Meuterei auszulösen.
Der ältere Herr saß noch stocksteif hinter seinem Schreibtisch und sah erstaunt auf, seinen eben entlassenen Besucher so schnell wiederzusehen. »Was gibt es noch, Herr Kapitän?« fragte er höflich und blickte Köster mit kleinen, sehr blauen Augen an, als wollte er ihn für die Marinezahlmeisterlaufbahn mustern.
Köster wurde unsicher. Als Schiffsführer hatte er in der letzten Zeit auf Lügen verzichten können und fürchtete, seine zitternde Stimme werde ihn unweigerlich verraten, als er behauptete: »Das mit Norwegen, Herr Admiral, geht gar nicht, jedenfalls nicht sofort«, verbesserte er sich, als der vor ihm Sitzende die Stirn runzelte, »die Maschine ist unklar, sonst wäre ich gleich nach Flensburg gelaufen. Wir sind ja in Flensburg beheimatet, das Schiff gehört der Förde-Reederei, und Kohlen haben wir auch fast keine mehr.«
Der Mann muß verrückt oder leichtgläubig sein, wenn er mir das abnimmt, überlegte Köster und knautschte seine Mütze in den großen Händen. Doch das Unerwartete trat ein: Der Offizier gab sich mit der Erklärung zufrieden und entließ ihn mit der Bemerkung, er solle sich umgehend bei ihm melden, sobald die Reparatur beendet sei.

»Selbstverständlich, Herr Admiral«, beteuerte Köster und nickte vielleicht etwas zu heftig mit dem Kopf, denn der ältere Herr wollte noch etwas nachfragen, aber zu spät, sein Gesprächspartner hatte den Raum verlassen.
Sonderburg schien ein sehr heißes Pflaster zu sein. Die kleine Sache mit der unklar gemeldeten Maschine würde Willi schon in Ordnung bringen. Er wußte bestimmt eine Methode, eine Dampfmaschine so kaputtzumachen, daß sie heilblieb. Vielleicht schickte dieser merkwürdige Herr einen Ingenieur an Bord, um die Angabe zu überprüfen. Zuzutrauen war ihm das.
Auf dem Rückweg zum Schiff traf Köster einen alten Bekannten, den königlichen dänischen Zollbeamten Jens Hansen. Überschwenglich breitete Hein ahnungslos seine langen Arme aus, um seinen früheren Duzfreund an die Seemannsbrust zu drücken, doch Jens hielt sich auffallend zurück.
Als er bemerkte, wie unsicher sein alter Kumpan reagierte, gab er ihm den guten Rat, lieber rechtzeitig aus Dänemark zu verschwinden.
»Ich weiß nicht«, sagte er und blickte verlegen zur Seite, »was meine Landsleute mit euch Deutschen machen werden, wenn der Krieg vorbei ist, aber etwas Gutes wird es mit Sicherheit nicht sein!« Ohne sich noch einmal umzuschauen oder Hein die Gelegenheit zu einer Nachfrage zu geben, marschierte der königliche Zollbeamte weiter und bog in die nächste sich bietende Seitenstraße ein.
Hein begriff nichts von dem, was um ihn herum vorging, nur daß Jens nicht mit ihm gesehen werden wollte. Aber warum? Jens galt als ausgemachter Freund der Deutschen, und den Einmarsch, die Besetzung Dänemarks hatte er gelassener hingenommen als viele seiner Kollegen. Was um Himmelswillen war in den zurückliegenden Jahren geschehen? An ihm konnte es nicht liegen. Er trug keine Uniform, war ein Seemann, ein Freund der Dänen, das wußte hier doch jeder. Fing das ganze Theater wieder an mit Volksabstimmungen, Gebietsabtretungen und Grenzverschiebungen?
Die Warnung von Hansen konnte er nicht einfach ignorieren, er kannte ihn gut genug, um zu wissen, daß er es ernst meinte. Köster gab sich keinen Illusionen hin. Der Hafenkapitän wollte sie nach Norwegen schikken, und die Dänen trachteten ihnen nach dem Leben. Es kam auf das

gleiche heraus. Also nichts wie weg aus Sonderburg! Ihr Heimathafen würde sie mit offenen Armen empfangen. Selbst Helmut Scheer schaffte es nicht, vor dem etwas übereilten Auslaufen noch an Land zu gehen. »Ihr werdet schon sehen, was ihr davon habt«, nörgelte er und spuckte über die Reeling. Verächtlicher hätte er sich nicht ausdrücken können. Bevor er das Deck verließ, um sich umzuziehen, fragte er den Alten: »Was ist eigentlich ein KZ?« »Ein KZ?«
»Ja, sagte ich doch, was ist das?«
»Das fragst du mich? Es wird eine Abkürzung sein!«
»Also das habe ich mir auch schon gedacht, aber von was, bitte schön? Als ich an Land spazierenging, traf ich unseren gemeinsamen Freund Ohlsen, Fred Ohlsen, du weißt, wen ich meine, den dicken, der so gerne einen pichelt.«
Köster unterbrach den Redeschwall: »Und weiter?«
»Und der hat etwas von KZ geschwafelt, von Juden, Auschwitz, Vergasen, Umbringen, Millionen, Unmenschen und daß wir alle Nazis seien. Ich habe das alles nicht richtig begriffen, habe ihm gesagt, er soll nicht solche Greuelmärchen in die Welt setzen, das würde ihn eines Tages teuer zu stehen kommen. Wütend war ich auf ihn, den dicken, am liebsten hätte ich ihm eine gescheuert!«
»Und er, was hat er darauf geantwortet?«
»Das gleiche: daß uns das teuer zu stehen kommen würde!« Merkwürdig ist es schon, überlegte Köster, und Hansen fiel ihm ein, der königliche Zollbeamte, der sich so seltsam benommen hatte. Sollte das vielleicht auch mit diesem KZ zusammenhängen? Und Saßnitz? Am Rande der Reede hatte eine Schute vor Anker gelegen, die sie nicht anlaufen durften, obwohl sich Menschen an Bord aufhielten. Hatte nicht der Offizier von Häftlingen gesprochen, von KZ-Häftlingen?
Köster mußte sich um die Navigation kümmern. Er schloß seine Überlegungen mit der Feststellung ab, daß, was immer auch geschehen sein könnte, man ihn und seine Leute dafür nicht verantwortlich machen durfte.
An Deck der mit flotter Fahrt heimwärts rauschenden *Albatros* saßen oder lagen seine Fahrgäste und sonnten sich. Emmas begleiteten ihre Reise und segelten über ihrem Kielwasser Eskorte. Ein Frühlingstag mit klarer Luft, geschaffen für einen Ausflug auf die Förde. Sie dampften an

vertrauten Dörfern und Anlegeplätzen vorbei wie Langballig, Holnis, Ekensund. Vor Glücksburg ankerten vier große Windjammer. Den Viermaster *Padua* kannte er, die beiden kleineren Barken konnten nur Segelschulschiffe der Kriegsmarine sein. Es gab viel zu sehen. Überall lagen Schiffe, die Flensburger Förde schien der Sammelplatz für den Rest der deutschen Flotte zu sein. Ein U-Boot hinter dem anderen lief ein, wie zu einer Perlenkette aufgereiht, passierte sie, und jedesmal dippten sie höflich ihre zerfetzte Flagge. An den Sehrohren der einlaufenden Boote wehten keine Siegeswimpel mehr. Die Zeit der Helden schien endgültig vorbei zu sein.

In Flensburg trat die unwahrscheinlichste aller erdachten Möglichkeiten ein: Die *Albatros* sollte unverzüglich wieder auslaufen, weil in der Stadt und im Umkreis von zwanzig Kilometern mit Sicherheit keine Unterkunft mehr frei war. Sie sollten ihre Flüchtlinge nach Dänemark bringen, nach Sonderburg am besten! Der Kapitän hielt es nicht für ratsam zu erwähnen, daß sie gerade aus Dänemark kamen. Er hörte vielmehr aufmerksam zu, nickte verständnisvoll, zeigte offen Mitleid mit seinem Gesprächspartner und brummte zustimmend, wenn es sich nicht vermeiden ließ. Im März noch wäre er bei gleicher Ausgangslage explodiert. Inzwischen wußte er bedeutend mehr vom Leben und den Menschen. Ob er wenigstens seine Familie besuchen dürfe, die er seit zwei Jahren nicht mehr gesehen habe, fragte er höflich. Sein uniformierter Gegenspieler, alles andere als ein Unmensch, gab zögernd nach: »Also einverstanden, aber morgen früh will ich Sie nicht mehr im Hafen sehen!«

Köster grinste zufrieden, als er das Gebäude verließ. Auf den Straßen viel Militär. Bis morgen schien ihm unendlich viel Zeit zu sein. So blieb die unscheinbare *Albatros* die Nacht über an der Pier im Heimathafen liegen. Als Hein Köster am nächsten Morgen gutgelaunt und frisch rasiert an Bord erschien, befand sich wie erhofft nur die Besatzung auf dem Dampfer. Ihre Flüchtlinge sehnten sich verständlicherweise nach einem Ende der Odyssee. Einige ahnten, daß es keine Rückkehr geben würde. Die Zeit schreibt ungewollt Geschichte.

Die *Albatros* mußte Flensburg verlassen. Befehl war Befehl, immer noch. Die Vorstellung allerdings, vielleicht doch noch nach Norwegen aufbrechen zu müssen, bedrückte alle auf der kurzen Reise durch die grünbeuferte Förde nach Sonderburg.

Sie fuhren an Schiffen aller Art vorbei. Die *Patria* bei Mürwick erregte ihre Aufmerksamkeit. Ein schöner Name, dachte Köster und drehte sich zu Helmut Scheer um, der ihn auf zwei Frachter aufmerksam machte, die *Olga Siemers* und den großen Hansa-Dampfer *Rheinfels*.
»Dort sind KZ-Häftlinge an Bord, eingepfercht und streng bewacht, sie sterben wie die Fliegen«, behauptete er im Flüsterton, »und ich habe gehört, in der Neustädter Bucht soll die *Cap Arcona* gesunken sein: Bombentreffer! Als die Häftlinge schwimmend den Strand erreichten, sollen sie einfach niedergeknallt worden sein, einfach so.«
»Und das glaubst du?«
»Meine Schwester ist in Neustadt verheiratet.«
Köster wußte nicht, was er denken sollte. Stutthof fiel ihm ein, der Ort war in Danzig öfter erwähnt worden. Ihn quälten im Augenblick andere Sorgen. Wie würde man sie in Sonderburg empfangen?
Seine Furcht war unbegründet. Kein Marineoffizier interessierte sich mehr für den unscheinbaren Dampfer mit den marinegrauen Aufbauten. Als Hein seinen ehemaligen Freund Hansen auf der Pier wiedertraf, schüttelte der königliche dänische Zollbeamte über so viel Dummheit nur den Kopf.
Ehe sich Köster versah, enterten unterkunftslose Flüchtlinge sein Schiff und besetzten es. Zuerst wollte er schimpfen und protestieren, mußte aber nicht lange überlegen, um die richtige Lösung zu finden.
Und so nahm die *Albatros* ihren durch den Krieg unterbrochenen Passagierdienst auf der Förde wieder auf, ohne mit der Reederei Rücksprache zu halten oder eine noch halbwegs amtierende Dienststelle zu informieren. Die Menschen hatten ein Anrecht, nach Deutschland gebracht zu werden, und so karrte Köster Flüchtlinge schiffsweise von Sonderburg nach Flensburg, zum Ärger des Hafenkapitäns, zur Freude der dänischen Behörden, aber das störte ihn nicht mehr. Vor Sonderburg entmilitarisierten sie die *Albatros* und versenkten alle Waffen im tiefen Wasser. Das Ende des Kriegs stand unmittelbar bevor.
Am 6. Mai in den späten Nachmittagsstunden erreichte sie die Nachricht, daß sie jede militärische Handlung unterlassen sollten. Zu diesem Zeitpunkt lag das Maschinengewehr schon auf dem Grund der Förde. Als sie am nächsten Morgen wieder auslaufen wollten, weil in Sonderburg noch so viele Menschen auf sie warteten, mußten sie liegenbleiben.

Sämtliche Schiffe, so hieß es, dürften ihre augenblicklichen Liegeplätze nicht verlassen, nicht in einen anderen Hafen verlegen oder innerhalb der Häfen verholen ohne besondere Genehmigung. Diese Anordnung der neuen Reichsregierung beendete den Einsatz der *Albatros* im Krieg. Sie und die Männer wurden nicht mehr gebraucht. Es wehten keine Fahnen, als Hein Köster von jedem seiner Leute Abschied nahm. Bei Willi Asmussen bedankte er sich, ohne es laut auszusprechen, für dessen Treue, die er von seinem langjährigen Freund Thorsten Rautell auf ihn übertragen hatte, als er die *Albatros* als Schiffsführer in Travemünde übernommen hatte. Das war lange, lange her. Der Inspektor wollte versuchen, seine Luftwaffeneinheit wiederzufinden, er brauchte einen richtigen Entlassungsschein von der Wehrmacht. Der heimatlos gewordene Heizer wußte nicht, wohin er sich wenden sollte. Nach Zoppot konnte er vorläufig nicht zurück. So nahm ihn Jensen mit, der sie fast sechs Jahre lang bekocht hatte. Der Schiffsjunge wurde von seinem Vater mit einem Pferdewagen abgeholt. Köster erinnerte sich, daß er auf einem der umliegenden Bauernhöfe zu Hause war, und Landwirt wollte er nun auch werden, wie er beim Abschied zum Kapitän äußerte. Eine gute Entscheidung, meinte Köster, denn wer weiß, was aus den Schiffen wird. Als er die Pranke von Helmut Scheer drückte, hielt er es nicht länger aus und fragte, warum er eigentlich in jedem Hafen sofort an Land gerannt wäre.
Verständnislos holte der II. Maschinist Luft: »Habt ihr euch denn nie überlegt, woher eure Familien wußten, wo sich das Schiff befand und daß ihr alle noch am Leben und gesund seid? Und wenn ich in Sonderburg noch an Land gekommen wäre, hätte ich schon für ein Begrüßungskommando in Flensburg gesorgt. Ich habe einfach in jedem Hafen sofort mit meiner Frau telefoniert, weiter nichts. Anschließend übernahm sie die Verteilung der Nachrichten. Schließlich muß man zusammenhalten!«
Köster konnte sich beim besten Willen nicht erinnern, Scheer jemals so lange ununterbrochen sprechen gehört zu haben. Er stammelte überrascht: »Das hättest ja mal sagen können.« Willi, landfein gemacht, im blauen Anzug, weißem Hemd und gestreiftem Schlips winkte ab: »Warum, war ja weiter nichts!«
Aber genau so waren sie, die sechs Männer der *Albatros,* die jetzt ihren

unscheinbaren Dampfer verließen, der in den zurückliegenden 115 Tagen an der Rettung von rund zwei Millionen Menschen über die Ostsee seinen Anteil hatte.

Der Kessel war kalt, die Arbeit getan, warum noch darüber reden?

Heinrich Köster ging als letzter von Bord, wie es sich für einen Kapitän gehört. Noch einmal schritt er Abschied nehmend am Schiff entlang, prüfte die Festigkeit der Trossen, nickte zufrieden mit dem Kopf und machte sich auf den Weg nach Hause.

Es war ein schöner Tag.

Hafenkonzert aus Damp 2000

26 Jahre später: Im September 1971 tauchte vor Damp 2000, einem modernen Seebad, das es 1945 noch nicht einmal auf dem Reißbrett der Landesplaner gab, die alte kleine *Albatros* auf. Sie fuhr zwar noch auf eigenem Kiel, aber der Kessel war kalt, die Logis verlassen, und ein Schiff ohne Besatzung lebt nicht mehr. Die an der Förde hochgepriesene *Alexandra* brachte ihre Halbschwester zu ihrem letzten Liegeplatz. Das sprichwörtliche und von den Besatzungen des Schiffes gepriesene Glück, ständiger Begleiter, seit die *Albatros* einst in Papenburg die Werft verlassen hatte, blieb ihr auch noch treu, als die Förde-Reederei den Dampfer mit der abgelaufenen Klasse verschrotten wollte. Für Gefühlsduseleien gab es bei dem florierenden Schiffahrtsunternehmen im Etat keinen Titel. Anders sah es in Damp 2000 aus. Hier sollte in Strandnähe eine Diskothek errichtet werden, und die Idee, ein richtiges altes, ausgedientes Schiff dort einzubuddeln, paßte in das Konzept des neugeschaffenen Ostseebades. Doch aus dem Musikladen wurde nichts. Die zuständigen Behörden legten aus baurechtlichen Gründen ein Veto ein, weil die vorgesehenen Räume nicht die erforderliche Deckenhöhe aufwiesen. Und wieder vergingen die Jahre. Bei günstigem Oststurm trug der Wind salzhaltige Gischt bis hin zur *Albatros* und ließ den ehemaligen Dampfer an alte Zeiten erinnern. Aus dem einst schmucken Fahrzeug aber wurde langsam eine Rostlaube, ein trostloser Anblick für jeden Liebhaber alter Schiffe. Hatte sich nun, nachdem es auf Land stand und keine Handbreit Wasser mehr unterm Kiel spürte, das Glück verabschiedet? Es sah so aus, bis sich der Norddeutsche Rundfunk in Dampf 2000 anmeldete, um am Sonntagmorgen eine Live-Sendung auszustrahlen: das 1717. Hafenkonzert. Als am 8. April 1979 zwischen 6.00 und 8.00 Uhr die älteste aller Rundfunksendungen über den Äther ging, ahnte keiner der Beteiligten, daß diese Sonntagssendung eine Lawine der Begeisterung auslösen würde. Überrascht zeigte sich auch der Reporter Hans Hermann Schlünz, der selbst einmal vor dem Mast gefahren war und im Februar 1945 als

Die »Vereinigte« gibt es nicht mehr. Die »Förde-Reederei« hat einige Schiffe aus dem alten Dampferpark übernommen, so auch die »Albatros«. 1935 wird sie auf ihrer Hausstrecke wieder eingesetzt.

Die »Albatros« 1912 auf der Werftprobefahrt.

Gaststätte »Zum Albatros« in Flensburg in der Brickstraße. Der erste Restaurateur Jan Mölck eröffnete später diese Kneipe.

Bild Mitte: Sommer 1954, »Albatros« einkommend Unterelbe mit Viehladung.

Bild unten: Die »Albatros« auf Strand. Die Pläne, eine Disco vor dem Ostseebad Damp 2000 zu eröffnen, haben sich zerschlagen. Der Schiffskörper rostet vor sich hin, ein Bild der Vergänglichkeit.

NDR-Reporter Hans Hermann Schlünz. Er gab den Anstoß zur Rettung des ehemaligen Dampfers »Albatros«.

Matrosen des Shanty-Chors der Marine-Waffenschule Eckernförde bei der Übergabe der Gedenkstätte 1983.

Ostpreußische und pommersche Tanzgruppen bei einer gemeinsamen Aufführung anläßlich der Übergabe der Gedenkstätte »Albatros – Rettung über See« in Damp 2000.

Worte des Gedenkens an die Rettung und des Dankes an die Retter: Fregattenkapitän a. D. Rohlfing, Harry Poley, Minister Schwarz sowie Kuratoriums-Geschäftsführer Clausmeyer.

Der Maschinenraum des Dampfers »Albatros«. Ein Gewirr von Hebeln auf engem Platz zusammengedrängt.

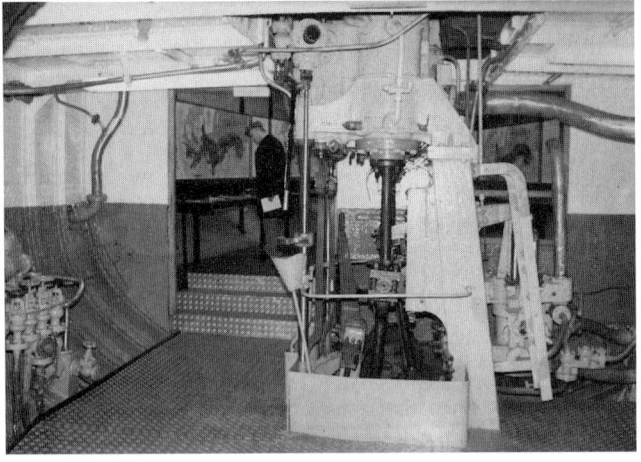

Der Maschinenraum, wie er sich den Besuchern der Gedenkstätte präsentiert. Die Maschine selbst wurde repariert, es fehlt die Kesselanlage.

Obersteuermann eines Minensuchers den gemischten Geleitzug beschützt hatte, in dem gut aufgehoben die kleine *Albatros* nach Westen fuhr. Schlünz begann seine Reportage mit den Worten: »Wenn man das Ostseebad 2000 von See aus ansteuert, so entdeckt man unschwer links von der Hafeneinfahrt einen Oldtimer aus der Zeit der Christlichen Seefahrt, in der man noch dampfte. Es ist die *Albatros*. Anno 12, also noch vor dem Ersten Weltkrieg wurde dieser Kohlebrenner in Papenburg bei Jos. L. Meyer gebaut. Für die Fördefahrt, die von Flensburg aus seit 1838 mit Passagieren betrieben wird. Mit einer Länge von 36einhalb Metern und mit rund 215 Bruttoregistertonnen vermessen, lief die *Albatros* ihre 10 Knoten in der Stunde. Das Schiffsleben dieses Oldtimers, der nun da so vor sich hinträumt, ist abenteuerlich genug.

Anno 14, zu Beginn des ersten großen Orlogs, wurde die *Albatros* dienstverpflichtet von der Kaiserlichen Marine. Das Schiff fuhr als Tender in der Danziger Bucht. In den zwanziger Jahren lag das Schiff 'ne Zeitlang auf. Aber in den ganzen weiteren Jahren und Jahrzehnten, karrte die *Albatros* brav ihre lebende Fracht. Im Sommer Menschen – rund 400 Passagiere konnten an Bord untergebracht werden – und im Winter Rinder. 100 Stück davon hatten Platz auf dem Fahrzeug.

Bis 1938 fuhr die *Albatros* meist auf dem Törn nach Kiel. 1939 war es wieder mal soweit. Diesmal war es die Deutsche Kriegsmarine, die den Oldtimer dienstverpflichtete. Und wieder war es die Danziger Bucht, in der das Schiff als Tender diente. Als dann die große Völkerwanderung über die Ostsee vom Osten nach dem Westen stattfand, war die *Albatros* mit dabei. Mit Hunderten von Flüchtlingen an Bord kehrte der Dampfer im Februar 1945 in sein Heimatland Schleswig-Holstein zurück, um dann in den 50er Jahren, wie einst, Menschen und Vieh – im Wechsel natürlich, zu befördern.

Als nun unser Oldtimer seine 60 Jahre auf den Spanten hatte, 1972 also, war es aus mit der Seefahrt. Die *Albatros* sollte abgewrackt werden. Es kam jedoch anders. Das buchstäblich auf grünen Wiesen entstandene Ostseebad Damp 2000 an der Eckernförder Bucht suchte für seinen Hafen ein möglichst altes seefahrtsbezogenes Attribut. Der Dampfer wurde nach Damp geschleppt, dann auf den Strand nahe der Hafeneinfahrt aufgeslipt und fest in ein Kiesbett eingesetzt. Der Plan jedoch, eine Diskothek auf dem Schiff zu eröffnen, scheiterte.

Da liegt es nun im Sand vor Damp, umfunktioniert als festes Seezeichen. Könnte man sich nicht was einfallen lassen, was man aus diesem alten Kohlebrenner machen sollte? Eigentlich schade für die alte *Albatros,* wenn sie so vor sich hingammelt.«

Eine Idee nimmt Gestalt an

Hannes Schlünz ließ es nicht bei dem Aufruf über den Äther bewenden, vielleicht auch unbewußt aus Sorge, daß die sonntäglich früh ausgestrahlte Sendung von der Wasserkante nicht alle relevanten Ohren erreicht haben könnte, und telefonierte bei sich bietender Gelegenheit mit dem amtierenden Präsidenten des Deutschen Marinebundes, um Fregattenkapitän a. D. Friedrich Rohlfing seine Gedanken über die weitere Zukunft der *Albatros* mitzuteilen.
Konkrete Vorschläge folgten in einem Brief zum Jahresende, verbunden mit den besten Wünschen für das Jahr 1980.
Einen guten Monat später antwortete Friedrich Rohlfing und versprach, sich um das interessante Schiff zu kümmern, weiter schrieb er: »Sie haben nun Ihre Kur auch dazu benutzt, sich im Terrain umzusehen, und dabei natürlich gewisse Beobachtungen gemacht, wie das ein mitdenkender Mensch eben tut, bei dem das Herz auf der richtigen Seite schlägt.«
Rohlfing kannte Damp 2000 von der Sportsegelei her, die auf Land hoch und trocken sitzende langsam verrottende *Albatros* hatte er aber nicht wahrgenommen. Die Idee, ein ehemaliges Schiff als Denkmal für den einfachen Seemann zu setzen, war einen persönlichen Einsatz wert. Gleichzeitig mit dem Brief an Hannes Schlünz verfaßte er ein Schreiben an den Kurdirektor im Ostseebad Damp 2000, Rudolf Clausmeyer, und meldete im Namen des Deutschen Marinebundes Interesse an der *Albatros* an.
Das geschah im Februar 1980. Lange Zeit passierte weiter nichts, so mußte es jedenfalls Außenstehenden scheinen. In Wirklichkeit tagten verschiedene Gremien, auch der »Ehrenmal-Ausschuß« des Deutschen Marinebundes. Pläne wurden entworfen und wieder zur Seite gelegt, aber es ging weiter. Als feststand, daß sich der Deutsche Marinebund an dem Projekt an der Eckernförder Bucht beteiligen würde, traf Friedrich Rohlfing auf einem Marineball in Hamburg Chefredakteur Hugo Wellems vom »Ostpreußenblatt«. Langsam nahm der Plan, aus der *Albatros*

eine Erinnerungsstätte an die »Rettung über See« zu machen, Gestalt an. Hugo Wellems stellte die entscheidenden Kontakte zu den Landsmannschaften her. Ausschlaggebend für die Ostpreußen, Pommern und Westpreußen war der Gesichtspunkt, daß im Küstenbereich der Eckernförder Bucht in den ersten Monaten des Kriegsjahres 1945 viele Transportschiffe angelegt und Flüchtlinge aus dem Osten gerade in Schleswig-Holstein eine neue Heimat gefunden hatten. Der Schleswig-Holsteinische Heimatbund griff den Gedanken auf und trat der Initiative bei wie der Volksbund der Deutschen Kriegsgräberfürsorge.

Ein wichtiges Datum in der Geschichte der *Albatros* wurde der 3. November 1980. An diesem Tage trafen sich in Kiel Heinrich Neumann vom Landesverband der Vertriebenen in Schleswig-Holstein, Friedrich Rohlfing als Präsident des Deutschen Marinebundes sowie der Landesvorsitzende Hans Nier und der Bundesgeschäftsführer Karl Horn. Vom Volksbund Deutsche Kriegsgräberfürsorge reiste Karl Wachsmuth an. Sie beschlossen, einen Verein mit der Bezeichnung »Rettung über See« zu gründen. Das Ostseebad Damp 2000 sicherte zu, das Schiff kostenlos zur Verfügung zu stellen.

Alle an der Sitzung Beteiligten wußten, daß sie nicht viel Zeit zu verlieren hatten. Es galt, die Konservierung des Schiffskörpers der *Albatros* unverzüglich in Angriff zu nehmen, bevor weitere Schäden das ganze Projekt in Frage stellen würden.

Die »Pommersche Zeitung« trommelt

Bereits am 12. Dezember 1980 kam es zur Gründung der »Erinnerungsstätte *Albatros* – Rettung über See«. Einstimmig wählte der ausgesuchte kleine Kreis den Präsidenten des Deutschen Marinebundes Friedrich Rohlfing zum Ersten Vorsitzenden und Heinrich Neumann vom Landesverband der Vertriebenen von Schleswig-Holstein zu seinem Stellvertreter. Aus praktischen Gründen sollte die Geschäftsführung in Damp 2000 bleiben, und Kurdirektor Rudolf Clausmeyer wurde damit beauftragt. Rudolf Hoffmann, Redakteur der »Pommerschen Zeitung«, übernahm freiwillig die Arbeit eines Pressereferenten, und den hatte das Kuratorium bitter nötig, denn mit das Wichtigste fehlte: Geld, Geld, Geld!
Der ehemalige U-Boot-Kommandant war in der Zwischenzeit nicht müßig gewesen und hatte recherchiert, so daß acht Tage später in der »Pommerschen Zeitung« ein umfangreicher Artikel erschien unter der Überschrift »Dank der Flüchtlinge an den unbekannten deutschen Seemann«. Hoffmann schrieb: »Die *Albatros* war bereits ihr eigenes Denkmal, als sie in ihrem Kiesbett festmachte. Begriffen hat dies jeder Seemann, der an dem Veteranen vorbei die Hafeneinfahrt ansteuerte, ja die Gemeinde selbst, die ursprünglich ein Attribut, ein Bezugsstück suchte und ein echtes Denkmal gewann.
Beleben aber können es nur die, die auf solchen Schiffen die Seele voraus in die neue, die rettende Zukunft geschickt haben, die ihm ihr Leben, ihre neue Existenz, die Möglichkeit zum Wiederaufbau verdanken. Das sind praktisch alle Menschen, die aus dem Baltikum, dem Memelland, aus Ostpreußen, Danzig und Westpreußen und aus Pommern über die See an diese ostholsteinische Küste geschwemmt wurden.«
Rudolf Hoffmann erinnerte an ein Wort des Großadmirals Karl Dönitz: »Man vergesse nie, daß in der kritischen Phase der Nation, als vieles wankte, gerade der deutsche Seemann mit und ohne Uniform sich im Dienst der Menschlichkeit überbot.«

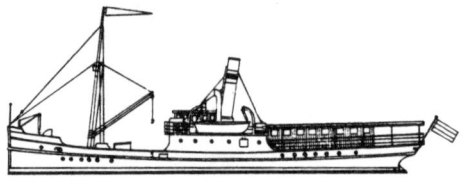

Kuratorium **Erinnerungsstätte Albatros - Rettung über See** e.V.

Alles hat seinen Preis, und an den erinnerte der Redakteur in seinem nächsten Absatz. Er zählte auf, was bisher getan worden war und was unbedingt unternommen werden mußte, um aus dem vor sich hinrostenden alten ehemaligen Fördedampfer eine Erinnerungsstätte zu machen: »Was bleibt, ist die Ausgestaltung des Schiffes als Gedenkstätte und die Instandsetzung, und selbst dafür hat der deutsche Marinebund seine Mithilfe zugesagt. Seine Männer stehen sozusagen mit aufgekrempelten Ärmeln bereit. Was sie brauchen, sind die Richtlinien für die Ausgestaltung und das Geld für die Durchführung. Deren Kosten werden mit rund 250 000 Mark ermittelt.«

Nach der ersten Arbeitssitzung des Kuratoriums sah die Finanzlage betrüblich aus. Auf der Pressekonferenz am 13. Februar 1981 teilte Fregattenkapitän a. D. Friedrich Rohlfing den Journalisten mit, daß die Kosten für die Instandsetzung der *Albatros* 500 000 DM betragen werden. Die erforderlichen Mittel sollten durch den Verkauf von Bausteinen beschafft werden.

Das »Hamburger Abendblatt« schrieb: »Die Erinnerungsstätte wird nach den Worten Rohlfings auch den Mitgliedern der Handelsmarine gewidmet, die neben den Angehörigen der früheren Kriegsmarine maßgeblichen Anteil an der Rettung mehrerer Millionen Menschen in den letzten Monaten des Zweiten Weltkrieges hatten. Außerdem sollen aber auch nachfolgende Generationen von den Leiden und Schrecken der Betroffenen erfahren.«

Um diesen Zweck zu erreichen, hatte das Kuratorium beschlossen, eine ständige Foto- und Dokumentationsausstellung an Bord einzurichten, um vor allem auch der heutigen Jugend die damalige Situation vor Augen zu führen.

Das Kuratorium macht Dampf auf

Nachdem feststand, daß die Erinnerungsstätte in Damp 2000 gebaut werden sollte, zögerten die Kuratoriumsmitglieder nicht, das Heft des Handelns energisch an sich zu reißen. Es war lange genug geplaudert worden. So oder so ähnlich lauteten die Losungen der ersten Sitzungen. Bereits am 12. Februar 1981 kamen die Vorstandsmitglieder im Ostseebad Damp 2000 zusammen, um den Bau der Gedenkstätte voranzutreiben. Die Vorarbeiten sollten unverzüglich aufgenommen werden. Über den späteren Anstrich der *Albatros* sprachen die Mitglieder zwar, trafen aber noch keine Entscheidung. Die Meinung, das Schiff farblich so zu gestalten, wie es während der Kriegszeit ausgesehen hatte, setzte sich nicht durch.

Die 3. Sitzung am 8. April, ebenfalls in Damp 2000, stand unter formalen Gesichtspunkten. Das Kuratorium war am 19. März 1981 unter der Geschäftsnummer VR 565 in das Vereinsregister Eckernförde eingetragen worden, und das Finanzamt Kiel-Nord hatte die Gemeinnützigkeit der Arbeit des Kuratoriums anerkannt. Damit waren die Voraussetzungen für ein Anlaufen der Spendenaktion gegeben. Als unbedingt notwendig erwies sich ein Finanzierungsplan für die Instandsetzung des Mahnmals. Freudig wurde die Zusage des Ministerpräsidenten Dr. Gerhard Stoltenberg begrüßt, aus seinen Verfügungsmitteln 10 000 DM zu stiften. Mit den eigentlichen Bauarbeiten hoffte das Kuratorium im Sommer beginnen zu können. Auf jeden Fall aber sollten das Eigenleben des Dampfers und sein Äußeres optisch erhalten bleiben.

Auf der Tagesordnung der 4. Sitzung am 17. Juli standen der erfreuliche Kassenbericht und die Baustein-Aktion, die nun gestartet werden sollte. die Bauvorgabe war von den Behörden positiv entschieden worden. So sah der erste Bauabschnitt folgende Teilung vor:
a) Herstellung der Umzäunung mit der Ankerkette der *Albatros,*
b) Aufstellung der fünf Fahnenmasten,
c) alle nicht mehr verwertbaren Holzteile abbauen, gute Teile lagern.

Am 13. Dezember konnte auf der Sitzung in Laboe über den Fortschritt der Aufräumungsarbeiten berichtet werden. Das Schiff, so die Erklärung, sieht schon besser aus. Mit Abschluß dieser Arbeiten galt die erste Bauphase als abgehakt. Die Höhe der Kostenvoranschläge wurde nicht überschritten. Im zweiten Bauabschnitt waren folgende Arbeiten vorgesehen:
a) Torkretierung der Innenwände des Schiffes,
b) Betonboden einbringen und gleichzeitig die erforderliche Dränage verlegen,
c) Erneuerung etwaiger Platten des Schiffes.
Fregattenkapitän a. D. Friedrich Rohlfing warf als 1. Vorsitzender des Kuratoriums die Frage auf, was auf dem Schiff dargestellt werden sollte, und schlug vor, Geschichtstafeln über das Geschehen im Deutschen Osten und eine Dokumentation der Rettungsaktionen auf dem Schiff anzubringen. Professor Emil Schlee vertrat in der anschließenden Diskussion folgende Meinung: »Die *Albatros* ist das Flaggschiff der Gegenwart für alle Schiffe der Vergangenheit als Anschauungsmaterial für die nach uns folgende Generation.«
Als sich das Kuratorium am 9. März 1982 wieder in Damp 2000 traf, trug Dipl.-Ing. Hermann Wähnert seine Vorstellungen über eine sofortige Gesamtinstandsetzung des Schiffes nach Rücksprache mit der Siegfried-Werft vor, die gegenwärtig über Auftragsmangel zu klagen habe. Allerdings verlangte die Werft eine Bürgschaft. Weiter diskutierten die Mitglieder über die Innenausstattung der Räume. Annemarie Ewertsen und Professor Emil Schlee erläuterten ausführlich ihre Vorstellungen über die Ausgestaltung der Erinnerungsstätte nach geschichtlichen und künstlerischen Kriterien, die den Beifall aller Beteiligten fanden. Zwei Monate später traf sich der Vorstand erneut. Es ging um die geforderten Ausfallbürgschaften. Inzwischen war das Schiff vermessen, die Pläne in Arbeit, und die Werft hatte einen Teilauftrag erhalten. Die notwendige Ausfallbürgschaft, an der sich alle zum Kuratorium gehörigen Verbände beteiligen sollten, machte Friedrich Rohlfing beträchtliche Sorgen. Bis auf den Deutschen Marinebund mußte von den übrigen Verbänden eine solche Bürgschaft abgelehnt werden.
Als Alternative wurde nun der Ankauf des Grundstückes angestrebt, auf dem sich die *Albatros* befand. Durch Aufnahme einer Hypothek konnte

dann die weitere Finanzierung abgesichert werden. Der Ankauf erfolgte im März 1983 von der Bundesrepublik Deutschland, vertreten durch die Wasser- und Schiffahrtsdirektion Kiel. Erst mit dem Besitz dieses Grundstückes ging auch die *Albatros* in das Eigentum des Kuratoriums über.

Geradezu beschwörend Rohlfings Appell auf der Sitzung: »Wie immer im Leben gehört auch Mut zum Risiko, und nur so können außergewöhnliche Vorhaben gelöst werden. Die Erlebnisgeneration allein ist in der Lage, diese Erinnerungsstätte für einen wichtigen Teil unserer deutschen Geschichte zu gestalten. Dazu sind wir alle aufgerufen. Wir sind es aber auch denen schuldig, die bei der Rettungsaktion oder bei der Flucht und Vertreibung ihr Leben hingeben mußten. Ich bin überzeugt, daß wir es schaffen!«

Erfreut konnte der Vorsitzende auf der Dezembersitzung im Ostseebad Damp 2000 bekanntgeben, daß der Verleger Bruhne von der »Wilhelmshavener Zeitung« 30 000 DM gespendet habe. Zum ersten Mal tauchte nun bereits ein Übergabetermin der Erinnerungsstätte an die Öffentlichkeit im Protokoll auf. Vorgesehen war der 28. Mai 1983. Inzwischen liefen die Arbeiten am Schiff ununterbrochen weiter. Die Niedergänge wurden so geändert, daß Besucher das Schiff vorne betreten und hinten wieder verlassen können. Mit dem Innenausbau wollte die Werft Ende April fertig sein. Nun drängte die Zeit, denn für das Kuratorium gab es nur den einen Termin, und der sollte, der mußte eingehalten werden.

Noch einmal tagte das Kuratorium kurz vor »Indienststellung« der *Albatros*. Auf der Tagesordnung stand die feierliche Übergabe der Erinnerungsstätte. Der Inspekteur der Marine hatte die Mitwirkung des Marine-Musikkorps Nordsee angeordnet. Im Beiprogramm sollten die Tanzgruppen der Landsmannschaften Heimattänze vorführen. Drei Redner wurden benannt.

Und dann war es endlich soweit. Nur 30 Monate hatte das Kuratorium von der Gründung bis zur Einweihung der Erinnerungsstätte gebraucht.

Dem Vergessen entrissen

Am 28. Mai 1983 wurde wie vorgesehen der frühere Fördedampfer *Albatros* als Erinnerungsstätte an die »Rettung über See« der Öffentlichkeit übergeben. Ansgar Graw schrieb im »Ostpreußenblatt« eine Reportage unter dem Titel: Dem Vergessen entrissen.
»Am 25. Januar 1945 begann mit den Seetransporten zahlreicher Flüchtlinge aus Pillau die größte Seerettungsaktion der Geschichte. Bis zum 8. Mai wurden unter dem Befehl von Großadmiral Karl Dönitz, dessen Name mit dieser Aktion untrennbar verbunden ist, über 2,5 Millionen Heimatvertriebene aus Ost- und Westpreußen, aus Pommern und Mecklenburg vor den sowjetischen Truppen und damit vor dem sicheren Tod gerettet. Von den 281 Kriegs- und 509 Handelsschiffen, die an diesem Rettungswerk mitwirkten, wurden die meisten inzwischen verschrottet oder versenkt. Eines der wenigen Schiffe, das bis in diese Tage überdauerte, ist die *Albatros*. Seit wenigen Tagen nun liegt die restaurierte *Albatros* am Strand des Ostseeheilbades Damp 2000, umgebaut und eingerichtet zu einer nationalen Gedenk- und Erinnerungsstätte.
Es bedurfte eines langen Weges und vieler Mühen bis zu der eindrucksvollen und gut besuchten Einweihungsfeier. Unsere Zeitung kann mit Stolz darauf verweisen, daß Chefredakteur Hugo Wellems gemeinsam mit dem Präsidenten des Marine-Bundes, Fregattenkapitän a. D. Friedrich Rohlfing, im Jahre 1980 bei einem Marineball in Hamburg den Gedanken zu diesem Mahnmal entwickelte und später die Kontakte zu den Landsmannschaften herstellte.
Über tausend Menschen, darunter zahlreiche Gerettete aus dem ganzen Bundesgebiet bis hinunter nach Garmisch-Partenkirchen wohnten dem abwechslungsreichen Eröffnungsprogramm bei. Den Auftakt bildete ein Marschmusik-Vortrag des Marinemusikkorps Nordsee. Matrosen des ebenfalls mitwirkenden Shanty-Chors der Marine-Waffenschule Eckernförde hißten anschließend feierlich die Flaggen der Landsmannschaften Ostpreußen, Westpreußen, Pommern, des Marinebundes und

des Landes Schleswig-Holstein. Für den großen Beifall der Zuschauer sorgten im Anschluß erneut das Marinemusikkorps Nordsee, der Shanty-Chor der Marinekameradschaft Kiel von 1914. Freude auch dem Auge boten danach die Volkstanzvorführungen der Volkstanzgruppe der Gemeinschaft Junges Ostpreußen aus Schönwalde.

Die Feierstunde eröffnete schließlich Fregattenkapitän a. D. Friedrich Rohlfing, der in eindrucksvoller Weise die Anstrengungen und Aktivitäten des Kuratoriums schilderte. Zuvor aber begrüßte Rohlfing die zahlreichen Ehrengäste, darunter den Hauptredner der Veranstaltung, den schleswig-holsteinischen Justizminister und stellvertretenden Ministerpräsidenten Dr. Henning Schwarz, Prinz Friedrich Ferdinand zu Schleswig-Holstein, den stellvertretenden Sprecher der Landsmannschaft Dr. Philipp von Bismarck, den Präsidenten der Pommerschen Abgeordnetenversammlung Dr. Hans-Edgar Jahn, sowie viele andere. Mit besonderem Beifall wurde Heinrich Köster bedacht, der frühere Kapitän der *Albatros*.

Justizminister Dr. Henning Schwarz würdigte den Aufbau dieser bedeutungsvollen Erinnerungsstätte, die zugleich »eine Gedenkstätte von nationaler Bedeutung« sei. Schwarz stellte die *Albatros* in einen Zusammenhang mit anderen symbolischen Erinnerungsstätten für Flucht und Vertreibung, so das Marineehrenmal in Laboe, das U-Boot in Möltenort und den Eisbrecher *Stettin*. Durch diese Ehrenmäler sei der Einsatzwille unzähliger deutscher Seeleute im Dienst der Menschlichkeit selbst in trostloser Zeit ... dem Vergessen entrissen worden. Schwarz sagte, man könne die großartige Rettungsaktion, an der die *Albatros* beteiligt war, nicht »ohne den Namen des damaligen Großadmirals Dönitz« nennen. Dönitz habe »in der Rettung deutscher Menschen aus dem Osten ... zugleich für sich und für die Marine den letzten sinnvollen politischen und militärischen Einsatz gesehen«. Sein Regierungsprogramm sei damals gewesen, »so viele Menschen wie möglich zu retten«. Nicht vergessen werden dürften aber auch die schrecklichen Untergänge einiger Transportschiffe mit vielen Tausenden Toten. Damit mache die *Albatros* ein Stück Geschichte lebendig und solle zugleich auch Kunde tun von der Unmenschlichkeit des Krieges und uns aufrufen, alles zu unternehmen, um kriegerische Auseinandersetzungen zu verhindern. Daher sei es wünschenswert, daß insbesondere viele junge Menschen diese Erinnerungsstätte besuchen, um die Vergangenheit zu erfahren und Lehren für die Zukunft daraus zu ziehen.«

Eine anschließende Besichtigung des Schiffsinneren, so Ansgar Graw, wies eine sehenswert eingerichtete Gedenkstätte aus. Karten der ostdeutschen Provinzen, Darstellungen der Flüchtlingsströme über Land und Wasser gen Westen, Vitrinen mit entsprechender Literatur und Gegenständen, die über die Flucht gerettet wurden, sind vortrefflich geeignet, auch die Jugend, die dieses Kapitel der Geschichte allenfalls vom Hörensagen kennt – Flucht, Vertreibung und die Rettung über See – zu verdeutlichen. Ein Bild des Großadmirals Dönitz vervollständigt diese Dokumentation.

Die Förde-Reederei in Flensburg

Als 1911 die Werft Jos. L. Meyer in Papenburg von der »Vereinigte Flensburg-Ekensunder und Sonderburger Dampfschiff-Gesellschaft« den Auftrag für den Bau des Fördedampfers *Albatros* entgegennahm, bestand die Reederei seit 36 Jahren. Allein der Name des Schiffahrtsunternehmens verrät, daß es sich um einen Zusammenschluß von einst mehreren selbständigen Firmen handelt.
Bereits im Jahre 1865 schlossen Flensburger Kaufleute einen Vertrag »behufs Befahrung der Flensburger Förde«, und bald darauf dampfte als erstes Fahrzeug die *Seemöwe* nach Kollund, Ekensund und Sandakker. Die Linie entwickelte sich entsprechend der allgemeinen wirtschaftlichen Lage nur mäßig. Erst der 1870/71 gewonnene Krieg, oder besser gesagt, die hohen französischen Reparationszahlungen, brachten einen industriellen Konjunkturaufschwung. Handel und Wandel florierten plötzlich. Weil neue, größere Schiffe notwendig waren, das Geld aber fehlte, wandelten die Kaufleute ihre Compagnie in eine Aktiengesellschaft um. Neben einheimischen Kaufleuten beteiligten sich auch Ekensunder an der Aktienzeichnung, und so entstand im März 1873 die »Flensburg-Ekensunder Dampfschiffahrts-Gesellschaft«. Aufmerksam verfolgten die Sonderburger das Experiment in Flensburg, denn eine eigene Linie spukte in ihren Köpfen herum. Nie schien die Zeit günstiger, und so gründeten sie zwei Monate später die »Sonderburger Dampfschiffahrts-Aktien-Gesellschaft«. Es begann ein Verdrängungswettbewerb, der beide Unternehmen an den Rand des Ruins brachte. Erst als feststand, daß es keinen Sieger geben würde, kam es zur Fusion, wobei allerdings beide Gesellschaften ihre Eigenständigkeit behielten und sich lediglich die Einnahmen teilten. Erst 1897 gelang die Zusammenlegung, und aus den beiden Reedereien entstand die »Vereinigte Flensburg-Ekensunder und Sonderburger Dampfschiff-Gesellschaft«. In den allgemeinen Sprachgebrauch fand dieser Zungensalat keinen Eingang, sie hieß schlicht und einprägsam die »Vereinigte«.

Der Wohlstand im Lande wuchs. Vergnügungsdampferfahrten wurden Mode, und 1910 konnte die Reederei stolz auf eine Million beförderte Personen zurückblicken. An schönen Sonntagen im Sommer legten bis zu 50 Dampfer am Pavillon in Flensburg an. Die Menschen kamen von weit her, um auf der Förde spazierenzufahren, doch auch Kiel, Korsör und Faaborg wurden angelaufen. Die wirtschaftliche Entwicklung rechtfertigte einen Neubau, und so stieß 1912 die *Albatros* zur Flotte und reihte sich in den Schiffspark der »Vereinigten« ein. Wie üblich wurde sie von jung und alt getestet und für durchaus geeignet befunden. Am Image der *Alexandra* konnte sie ohnehin nicht kratzen. Alles wäre so friedlich weitergegangen, wenn nicht die gescheiten Diplomaten mit ihrem Latein am Ende gewesen wären. Die allgemeine Mobilmachung erfaßte auch die kleine *Albatros,* sie wurde abgezogen und in die Danziger Bucht verlegt. Bis zum Kriegsende 1918 führte die Reederei einen Notdienst auf der Flensburger Förde weiter. Der Friedensvertrag riß längst vernarbt geglaubte nationale Wunden im deutsch-dänischen Grenzgebiet auf. Die Menschen mußten sich entscheiden. Eine Volksabstimmung brachte 1920 endgültige Klarheit. Flensburg blieb beim Deutschen Reich, aber das nördliche Fördeufer fiel an die dänische Krone. Eine Teilung der »Vereinigten« war die logische Folge. Als symbolische Brücke der Verständigung blieb die Linie Sonderburg–Flensburg bestehen und behauptete sich gegen jede Konkurrenz.
Nach den ersten fetten Nachkriegsjahren ging es mit der Wirtschaft rasch bergab. Mit zunehmender Verschuldung des Staates verarmten die Bürger. Als 1929 die Krise selbst Banken und Konzerne vernichtete, blieb auch die Reederei in Flensburg nicht verschont. Neue Kredite konnte Reedereichef Hermann Bruhn nicht auftreiben, und so mußte die »Vereinigte« 1934 die Segel streichen. Bevor der totale Ausverkauf der alten Flotte einsetzte, entstand die »Förde-Reederei« als legitimer Nachfolger. Aus dem aufliegenden Schiffspark erhielten nur die Dampfer *Alexandra, Habicht* und *Albatros* eine Chance, der Rest der Flotte verschwand in den Schmelzöfen. Das Leben auf der Förde ging weiter, die Volksgenossen entdeckten ganz neue Freizeitbeschäftigungen, und die Schiffahrtsgesellschaften blühten wieder auf, auch in Flensburg.
Erneut brach Krieg aus, und wie 1914 wurden auch 1939 die Schiffe der »Förde-Reederei« zweckentfremdet. Mit einem reduzierten Schiffspark

erhielt sie den Betrieb bis zum Zusammenbruch im Jahre 1945 aufrecht. Und wie nach dem Ersten Weltkrieg erfolgte auch jetzt wieder eine kurze Blütezeit. 1946/47 beförderten die Schiffe runde 2,5 Millionen Fahrgäste. Mit der Währungsreform kam der Umschwung. Es war, als ob sich die Bürger von der Seefahrt abgewandt hatten. Zwei Schiffe, so auch die *Albatros,* wurden in der Viehfahrt beschäftigt, jedenfalls vorübergehend. Ab 1952 besserte sich die Lage, der Schiffsverkehr zwischen Deutschland und Dänemark konnte wieder aufgenommen werden. 1970 übernahm die »Förde-Reederei« die »Flensburger Personen-Schiffahrt«, und vier Jahre später bestand ihr Schiffspark aus 18 Einheiten. Sie ist heute die größte private deutsche Küstenpassagierschiffsreederei.

Die Wiege der »Albatros« stand in Papenburg

Die *Albatros* wurde 1912 in Papenburg an der Ems auf einem Helgen bei Joseph L. Meyer gebaut, einem Familienunternehmen mit alter Tradition und einem echt papenburgischen Werdegang. Bereits gegen Ende des 17. Jahrhunderts zimmerten Meyers Schiffe und Boote auf verschiedenen einheimischen Schiffbauanstalten. Auf der Basis der soliden Handwerksüberlieferung seiner Vorfahren gründete Willm Rolf Meyer 1795 seine eigene Holzschiffswerft. Acht solcher Einrichtungen boten damals fleißigen Schiffszimmerern gesicherte Arbeitsplätze, und sie bauten Kuffe, Schoner, Briggs und ähnliche Fahrzeuge. Diese kleinen Windjammer befuhren nicht nur die nahen Gewässer, sondern segelten weit entfernt liegende Küsten an.

Über 50 Kuffe und Briggs verließen im ersten Jahrhundert die neue Meyer-Werft, das konnte sich sehen lassen. Um 1850 arbeiteten in Papenburg immerhin 27 selbständige Schiffbauer und machten sich gegenseitig Konkurrenz und das Leben schwer. Die Zeit aber verlangte eine radikale Umstellung. Auf der Strecke der industriellen Fertigung blieben die bis dahin hochangesehenen Schiffszimmerer. Die Reeder verlangten eiserne Schiffe, und so gründete Joseph L. Meyer 1872 ein entsprechendes Unternehmen, das seinen Namen erhielt. In den folgenden Jahren kamen eine Maschinenfabrik, eine Kesselschmiede und eine Eisengießerei hinzu, so daß der Anschluß an die Gegenwart fast reibungslos verlief.

Am Anfang des 20. Jahrhunderts sah es im Schiffbauzentrum Papenburg anders aus. Lediglich die Meyer-Werft arbeitete noch. Im Jahr 1910 hatte Joseph L. Meyer für seine Verdienste um die Weiterentwicklung des deutschen Schiffbaus die Rechte eines Ehrendoktors der Ingenieurwissenschaften verliehen bekommen. Und als 1912 die *Albatros* auf Stapel lag, zeichnete ihn der Kaiser mit dem Roten Adlerorden 4. Klasse aus.

Fünf Generationen von Schiffbauern haben die Meyer-Werft von 1795 bis heute geführt, in guten und in schweren Jahren. Die Geschichte des

Unternehmens ist mehr als nur die Geschichte einer Familie, sie ist auch ein Spiegel deutscher Geschichte. Mit Initiative, Mut und Einfallsreichtum verstanden es die Inhaber, das, was sie von ihren Vätern ererbt, zu bewahren, zu erneuern und zu behaupten.

Der Schiffbaukontrakt

Der am 2. Oktober 1911 unterzeichnete Baukontrakt für die *Albatros* zwischen der »Vereinigten Flensburg-Ekensunder und Sonderburger Dampfschiff-Gesellschaft« und der Meyer-Werft in Papenburg beginnt mit dem Satz: »Das Schiff wird aus bestem deutschen Schiffbaustahl, der nach den Vorschriften des Germanischen Lloyd von einem Experten dieser Gesellschaft abgenommen wird, gebaut!«
In der 28 Seiten umfassenden Vereinbarung werden die Leistungen der Werft geregelt, von der Ausrüstung des Schiffes bis zum Kielschwein. Interessant, weil nicht mehr vorhanden, sind die Inneneinrichtungen der *Albatros*. Im heutigen achteren Ausstellungsraum befanden sich einst der Salon der I. Klasse und die Kammern des Kapitäns und des Maschinisten. Die Schiffbauer in Papenburg schlugen folgende Einrichtungen vor:
»Der Fußboden im Salon der I. Klasse wird aus gespundeten kiefernen Brettern gelegt und mit durchgemustertem grünfarbigem Linoleum abgedeckt. Der Zugang erfolgt durch eine starke Kappe aus Teakholz und eine Treppe mit messingenen Trittleisten. Ringsum an den Wänden laufen bequeme, breite Sofas mit rotem Plüsch bezogen und durch Armlehnen in einzelne Schlafplätze geteilt. Schlummerrollen werden mitgeliefert. Die Täfelungen an den Wänden bestehen aus bestem Mahagoni. In der Mitte unter dem Oberlicht wird ein kräftiger Tisch aus Mahagoni aufgestellt und Polsterbänke mit rotem Plüsch und Lehnen versehen. Durch eine Mahagoniwand mit Portière wird eine kleine Damenkajüte abgetrennt. Sie wird mit 2 Tischchen, einem Spiegelbord und Sofas ringsum eingerichtet.«
Eigentlich hatte die Werft grünen Plüsch vorgeschlagen, aber die Flensburger zogen roten vor. Kleiderhaken wollte die Werft nicht mitliefern oder hatte vergessen, sie aufzuführen. Mit roter Tinte machte die Reederei ihre Einsprüche geltend. Neben dem Eingang zum Salon befanden sich links und rechts davon die Kammern für die Schiffsführung. An

Steuerbord wohnte wie üblich auf Schiffen der Kapitän. Beide Kammern aber unterschieden sich weder in der Größe noch in der Einrichtung. Sie bestanden aus einer breiten Koje, einem Waschtisch, einem Schrank und einer Polsterbank. Die Wände waren getäfelt, weiß gestrichen und lackiert.

Unter der Back lag das Mannschaftslogis, ausgestattet mit vier Kojen, vier Spinden, einem Tisch und zwei Bänken. Statt getäfelter Wände lieferte die Werft hier kiefernes Stabholz mit einem holzfarbenen Anstrich. Ein separates WC oder ein Waschraum waren nicht vorgesehen. Dafür erhielt das Logis einen kleinen Kohleofen für den Fall, daß der Kessel des Schiffes kalt blieb.

Die II. Kajüte im Vorschiff, heute ebenfalls Ausstellungsfläche, sollte im Gegensatz zum Salon spartanischer eingerichtet werden. Praktisches Kiefernholz in Füllungen gearbeitet und holzfarben gestrichene Wände bildeten die Verschalung des Raumes. Ringsum liefen bequeme Bänke aus eschenen polierten Latten. Ursprünglich sollte ein gewöhnlicher Tisch die Einrichtung vervollständigen, doch die Reederei entschied sich für einen großen Tisch mit polierter Platte. Der Zugang erfolgte durch eine Teakholzschiebeklappe und eine Treppe aus Eschenholz.

Neben dem Eingang zur Kajüte befand sich an Backbord eine geräumige Pantry und auf der anderen Schiffsseite eine kleine Kammer für den Restaurateur mit Schlafsofa und Schrank.

Auf dem Hauptdeck unter dem Ruderhaus lag die Kombüse, ausgestattet mit Herd, Schränken, einem Spültisch und Borden für Töpfe. Das Frischwasser mußte mit einer Handpumpe befördert werden. Wettlacher Fliesen bedeckten den Fußboden. Die Kombüse konnte von der Backbordseite aus betreten werden.

Über die Ausstattung des Ruderhauses und des angrenzenden Rauchsalons heißt es im Baukontrakt: »Auf der Kommandobrücke wird ein geräumiges Haus aus Teakholz errichtet, welches in seinem vorderen Teil als Ruderhaus eingerichtet wird mit Handsteuerapparat, Sprachrohr und Signalglocke, dem Behälter für das Fernrohr und Teakholzbank und Gräting. Der Steuerkompaß wird in der Decke angebracht. In dem hinteren Teil wird das Haus mit Rauchsalon mit ringsumlaufenden Polsterbänken mit braunem Pegamoid überzogen. Zwei kleine Tische aus Teakholz vervollständigen die Einrichtung.«

Doch die *Albatros* sollte nicht nur Sommergäste auf der Förde spazierenfahren, sondern auch Ladung transportieren, hauptsächlich lebendes Vieh. So befand sich vor dem Maschinenraum – heute ebenfalls Ausstellungsfläche – der Laderaum. Zum Anbinden von Vieh waren an den Spanten starke Ringbolzen befestigt. Ein zwei Meter hohes Holzschott trennte den Raum in der Mitte. Um eine bessere Entlüftung zu garantieren, baute die Werft einen elektrisch betriebenen Entlüfter ein. Der vordere der beiden Masten, wie der Ladebaum aus Pichpine, war kräftiger konstruiert. 2 000 Kilogramm konnten mit dem eigenen Ladegeschirr übernommen werden.

Im Krieg reichten die vorhandenen Unterkünfte nicht aus. Neue wurden geschaffen oder bestehende umgebaut. Die II. Kajüte im Vorschiff diente nun der Besatzung als Messe. Der Koch erhielt die Kammer des Restaurateurs. Aufenthaltsraum für die Mannschaft wurde der große Salon. Im angrenzenden Damensalon kamen der II. Maschinist, zwei Matrosen und der Heizer unter. Die eigentliche Kapitänskammer übernahm der Steuermann, während der Kapitän den umgerüsteten Rauchsalon hinter dem Ruderhaus bezog.

Daten der »Albatros«

Reederei:	Vereinigte Flensburg-Ekensunder und Sonderburger Dampfschiffs-Gesellschaft
Heimathafen:	Flensburg
Unterscheidungssignal:	DDSU
Baukontrakt abgeschlossen:	2. Oktober 1911
Bauwerft:	Joseph L. Meyer, Papenburg
Baunummer:	280
Stapellauf:	April 1912
Klasse:	Germanischer Lloyd 100 A 4 k (kleine Küstenfahrt) mit Eisverstärkung
Länge:	36,60 m
Breite:	6,30 m
Tiefgang:	2,44 m
BRT:	214,32
NRT:	97,81

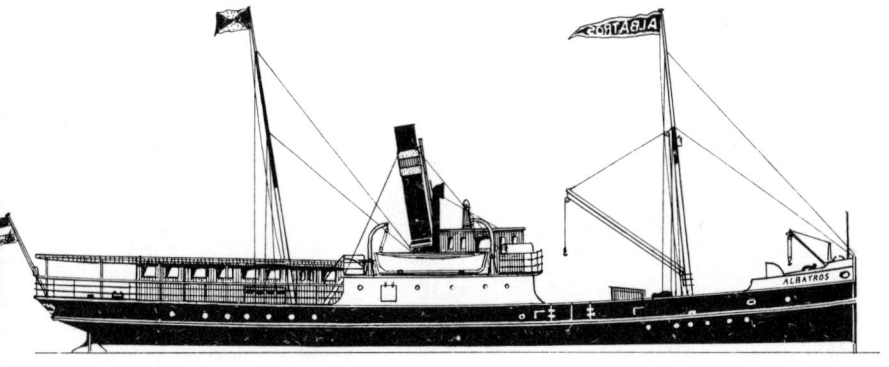

Antrieb:	Compound-Dampfmaschine mit Klug'scher Umsteuerung von 350 resp. 640 mm Zylinderdurchmesser und 500 mm Hub
Kesselanlage:	Der Kessel faßte 89,3 cbm Wasser und Feuer berührter Heizfläche und 2,94 qm Rostfläche mit rückkehrender Flamme und 2 Worison-Flammrohren
Leistung:	Bei $8^1/_2$ Atm. Kesselspannung und 60% Füllung im Hochdruckzylinder 260 PS
Kohleverbrauch:	0,85 Kilogramm pro PS und Stunde
Geschwindigkeit:	10 Knoten
Umdrehungen der Schraube:	128
Material:	Gußeisen
Passagiere:	280
Ladung:	100 Rinder
Sonstiges:	Das Schiff erhielt eine elektrische Beleuchtung und eine Dampfheizung

Chronik der »Albatros«

1911 Baukontrakt zwischen der »Vereinigten Flensburg-Ekensunder und Sonderburger Dampfschiff-Gesellschaft« und der Werft Joseph L. Meyer wird geschlossen.

1912 Stapellauf im Frühjahr und Ablieferung an die Reederei. Das Schiff wird zwecks Personenbeförderung auf der Flensburger Förde eingesetzt. Kapitän: Kurt Deikert.

1914 Mobilmachung am 1. August. *Albatros* wird von der Kaiserlichen Marine beschlagnahmt und in der Danziger Bucht als Tender eingesetzt. Taktische Zeichen: HS 76, HS 69, HS 78, HS 82 und HS 60.

1918 Im November 1918 kehrt die *Albatros* unbeschädigt nach Flensburg zurück und wird aufgelegt. Allgemeiner Kohlenmangel.

1919 Der Dampfer nimmt seine Fahrten auf der Förde wieder auf.

1920 Die neue deutsch/dänische Grenze tritt in Kraft. Die »Vereinigte« spaltet sich.

1923 Die Reederei gerät in eine finanzielle Krise. Auch die *Albatros* wird aufgelegt.

1924 Kapitän Jens Lausen und die Besatzung werden wegen Alkoholschmuggel entlassen. Kapitän Thorsten Rautell übernimmt das Schiff. In den Wintermonaten wird die *Albatros* in der Viehfahrt eingesetzt.

1929 *Albatros* liegt erneut auf wie die meisten Schiffe der Flensburger Reederei.

1932 Die »Flensburg-Ekensunder-Dampfschiff-Gesellschaft« will sich gesundschrumpfen und die *Albatros* verkaufen. Statt der erhofften 20000 RM aber bietet die Schleswiger Kreisschiffahrt nur 18000 RM. Die Transaktion scheitert.

1934 Sämtliche Schiffe der »Vereinigten« liegen auf. Die Reederei stellt den Betrieb ein.

1935 Die neu gegründete »Förde-Reederei« übernimmt aus dem vorhandenen Schiffspark der »Vereinigten« auch die *Albatros*. Die Rettungsboote werden nach achtern versetzt.

1936 Die *Albatros* wird auf der Route Solitüde-Glücksburg-Holnis-Langballigau eingesetzt.

1937 *Albatros* fährt am Freitag von Flensburg nach Kiel und kehrt am nächsten Tag zurück. Im Herbst wechselt das Schiff in die Viehfahrt.
Am 3. Dezember kollidiert es im Kieler Hafen mit dem Fahrgastschiff *Heikendorf* und drückt sich auf Steuerbordseite vorn die Wallschiene, Verschanzung und die Platten oberhalb der Wasserlinie ein. Das Seeamt spricht Kapitän Rautell frei.

1938 Nach der Winterpause wird die *Albatros* auf der Strecke Flensburg–Holnis–Kiel eingesetzt. Ab 15. Oktober: Viehfahrt Kolding–Flensburg.

1939 Ab 15. Mai fährt das Schiff auf der Strecke Flensburg–Glücksburg. Ab 1. September ausschließlich in der Viehfahrt von Kolding nach Flensburg, Kiel und Lübeck.

1942 Der Bereich des bis dahin von der Kriegsmarine betreuten Lufttorpedos wird 1942 einer neu geschaffenen Dienststelle »Bevollmächtigter für die Torpedo-Luftwaffe (BfLT)« in Gotenhafen-Hexengrund übertragen. Die *Albatros* wird der Bootsgruppe zugeteilt.

1943 Die Umorganisation ist abgeschlossen. Am 25. Mai wird die *Albatros* nach Gotenhafen beordert. Am 29. Mai trifft der Dampfer in Gotenhafen ein. Erster Einsatz: Zielschiff für die Torpedoflugzeuge in der Danziger Bucht.

1944 *Albatros* wird in Hexengrund stationiert und als Tender eingesetzt. Schließlich übernimmt sie die Personenbeförderung zwischen Gotenhafen und Hexengrund. Im Mai erfolgt die Bewaffnung des Schiffes. Auf der Back wird ein schweres Maschinengewehr montiert. Die Besatzung erhält Gewehre. Sabotagegefahr.

1945 Am 25. Januar verläßt *Albatros* Hexengrund und bringt rund 200 Nachrichtenhelferinnen und Flüchtlinge aus Königsberg nach Gotenhafen. Anschließend nimmt sie den Dienst wieder auf. Am 15. Februar verläßt das Schiff im Geleitzug endgültig die Danziger Bucht. Bunkerstop in Swinemünde, Weiterfahrt am 17. Februar via Stralsund nach Travemünde.

```
Erprobungsstelle der Luftwaffe            Travemünde, den 18.4.1945
   Travemünde - Bootsgruppe


An Herrn
Kapitän Torsten R a u t e l l
F l e n s b u r g
Ballastbrücke 13

         Sie brauchen nicht mehr zur Dienststelle zurückzukehren.
         Betreiben Sie von dort aus Ihre Entlassung durch die K.M.D.-
         Hamburg.
         Die Dienststelle wünscht Ihnen gute Besserung und dankt Ihnen
         nochmals herzlich für Ihre Treue und Ihren unermüdlichen
         Einsatz.
                             Heil Hitler !

                             Hauptmann u. Bootsoffiz.
```

Vorläufiger Entlassungsschein für Kapitän Thorsten Rautell

Kapitänswechsel am 1. März. Thorsten Rautell verläßt das Schiff, und der bisherige Steuermann Heinrich Köster übernimmt die *Albatros* als Kapitän. Am gleichen Tag verläßt das Schiff Travemünde mit Order für Gotenhafen. 7. März: *Albatros* läuft Saßnitz an und bleibt bis zum 15. März. Im Anschluß Zubringerdienst in Swinemünde. Mit Material beladen und Soldaten und Flüchtlingen verläßt die *Albatros* am 25. April Swinemünde. Über Stralsund läuft das Schiff am 30. April Kiel an. Weiterfahrt nach Sonderburg am 1. Mai. Endgültig macht die *Albatros* am 9. Mai in Flensburg fest. Die Besatzung mustert ab, der Krieg ist aus.

1946 Die *Albatros* nimmt den normalen Dienst in der Flensburger Förde wieder auf und fährt unter Kapitän Rikkertsen auf der Strecke Flensburg–Glücksburg–Meinisch.

1949 *Albatros* verkehrt auf der Strecke Kiel–Flensburg.

1950 Kapitän Rikkertsen stirbt. Ab Mai transportiert die *Albatros* unter Kapitän Dehtlefsen Rinder auf der Strecke Apenrade, Kolding, Sonderburg nach Flensburg, Kiel und Hamburg.

1952 Vorübergehend wird der Dampfer in der Butterfahrt beschäftigt.

1955 *Albatros* gerät bei Borris-Höft auf Grund.

1956 Der achtere Mast wird entfernt.

1960 Kapitän Thorsten Rautell stirbt.

1963 *Albatros* fährt wieder Passagiere auf der Förde.

1969 Im September letzte Tour nach Glücksburg unter Kapitän Deiters.

1971 Am 14. September trifft der Dampfer im Schlepp der *Alexandra* in Damp 2000 ein und wird dort auf Strand gesetzt. Die Idee, eine Diskothek auf dem Schiff zu eröffnen, läßt sich nicht verwirklichen.

1980 Am 12. Dezember kommt es zur Gründung der »Erinnerungsstätte *Albatros* – Rettung über See«.

1983 Am 28. Mai wird die Erinnerungsstätte der Öffentlichkeit übergeben.

Kollision in der Kieler Bucht

Am 3. Dezember 1937 kollidierte die *Albatros* mit dem Kieler Personen-Motorschiff *Heikendorf* im Kieler Dannenhafen. Das Preußische Seeamt Flensburg trat am 10. Januar 1938 zusammen und faßte folgenden Beschluß:
»Am 3. Dezember 1937 um 19.00 Uhr etwa fuhr der Flensburger Dampfer *Albatros* unter Kapitän Thorsten Rautell im Kieler Hafen vom Seegrenzschlachthof nach dem Satori-Kai. Zur selben Zeit kam von der Gardener Brücke das Personen-Motorschiff *Heikendorf* unter Kapitän Paul Schröder, um zur Bahnhofsbrücke zu fahren und an ihr mit der Backbord-Seite anzulegen. Etwas südlich der Bahnhofsbrücke drehte *Heikendorf* nach Steuerbord, ohne dies durch ein Signal anzuzeigen, und rammte die *Albatros*. Schuld an dem Zusammenstoß trägt der Kapitän der *Heikendorf*. – Bei der von ihm selbst geschilderten Lage der Dinge, Blendung durch Schweißapparate, viele farbige Lichter am Schlachthof, diesige Luft usw., hätte er vorsichtiger fahren, sich von der Freiheit des Fahrwassers vergewissern und seinen Steuerbord-Dreh durch Signal anzeigen müssen.«
Auf der *Albatros* hatten sie kaum Möglichkeiten, die Kollision zu verhindern. Kapitän Rautell legte mit seinem Schiff kurz vor 19.00 Uhr vom Seegrenzschlachthof ab. Der Steuermann Heinrich Wilkens befand sich auch auf der Brücke, denn die Sicht war schlecht. Sie sahen an Steuerbordseite die Toplampe und die grüne Seitenlaterne, und damit hatten sie Gewißheit, daß von dem Schiff keine Gefahr droht. Plötzlich aber drehte die *Heikendorf* auf sie zu. Als die Männer auf der *Albatros* erkannten, daß eine Kollision unausweichlich war, wurde »Volle Kraft zurück« gegeben, um wenigstens den Schaden so gering wie möglich zu halten. Die *Heikendorf* traf die *Albatros* auf Steuerbordseite in Höhe der Vorderwanten und drückte die Wallschiene, Verschanzung und die Platten oberhalb der Wasserlinie ein. Als feststand, daß kein Wasser in das Schiff eindrang, dampften sie weiter und legten bei Schuppen B an.

Glossar

Alexandra	(1908) *Förde-Reederei*, Flensburg, 140 BRT. 1976 aufgelegt. Flensburg.
Admiral Hipper	(1937) *Kriegsmarine*, Schwerer Kreuzer. 9.4. 1945 Bombentreffer in Kiel. 3.5. im Dock gesprengt.
Admiral Scheer	(1933) *Kriegsmarine*, Schwerer Kreuzer. 9.4. 1945 in Kiel nach Bombentreffer gekentert, liegt unter Trümmerschutt begraben.
Andros	(1910) *Bock, Godefroy & Co*, Hamburg, 2905 BRT. 12.3. 1945 nach Bombentreffer in Swinemünde gesunken. 570 Tote. 1971 abgewrackt.
Ankerspill	Winde zum Hochziehen des Ankers. Dampfwinde auf der *Albatros*.
Armada	Bewaffnete, 1588 gegen England eingesetzte spanische Flotte. Sie wurde von den Engländern und einem Orkan vernichtet.
Back	Von Bord zu Bord reichender Aufbau auf dem Vorschiff.
Bertram	Rolf Bertram, Matrose auf der *Albatros*. Desertierte in Gotenhafen. Polnischer Pastor und Freundin versteckten ihn. Wanderte später aus Polen nach Australien aus.
Cordillera	(1933) HAPAG, Hamburg. 12055 BRT. 13.3. 1945 in Swinemünde durch Bomben versenkt. 1949 gehoben. 1980 abgewrackt.
Dönitz	Karl Dönitz, 16.9. 1891 in Grünau geboren. 17.10. 1939 Befehlshaber der U-Boote. 30.1. 1943 Oberbefehlshaber der Kriegsmarine u. Großadmiral. 1.5. 1945 Staatsoberhaupt u. Oberster Befehlshaber der Wehrmacht. 24.12. 1980 in Aumühle gestorben.
Der Deutsche	(1924) *Deutsche Arbeitsfront*. 11453 BRT. 3.5. 1945 Bombentreffer in der Kieler Bucht. 1945 gehoben. 1983 als Viehtransporter in Fahrt. Name: *Persia*, Beirut.

Deutschland	(1923) HAPAG, Hamburg. 21 046 BRT. 3. 5. 1945 vor Neustadt nach Bombentreffer gekentert. 1948 Wrack gehoben u. verschrottet.
Duala	(1939) *Deutsche Afrika Linien*, Hamburg. 6 133 BRT. 1945 abgeliefert. 1973 abgewrackt.
Eberhard Essberger	(1943) *John Essberger*, Hamburg. 5 064 BRT. 1945 abgeliefert.
Ellen Larsen	(1900) *Erich Ahrens*, Rostock. 1938 BRT. 24. 2. 1945 nach Minentreffer vor Warnemünde gesunken.
Emily Sauber	(1939) *Sauber & Co.*, Hamburg. 2 485 BRT. 28. 4. 1945 vor Hela durch Bomben versenkt, später gehoben.
Engelhardt	Conrad Engelhardt, Konteradmiral. 26. 3. 1898 in Lüneburg geboren. 1944 Chef der Schiffahrtsabteilung u. Seetransportchef der Wehrmacht. Engelhardt leitete den Schiffseinsatz für die Evakuierung in der Ostsee. 28. 10. 1973 in Lüneburg gestorben.
Erika Fritzen	(1906) *Johs. Fritzen & Sohn*, Emden. 6 594 BRT. 26. 2. 1945 nach Minentreffer vor Warnemünde gesunken.
Ernst	Schlepper der Königsberger Reederei G. & F. Fechter.
Friedeburg	Hans-Georg von Friedeburg, 1895 in Straßburg geboren. 1941 Admiral der U-Boote. 1943 Kommandierender Admiral der U-Boote. 1. 5. 1945 General-Admiral u. Oberbefehlshaber der Marine. 23. 5. 1945 Freitod.
General San Martin	(1923) *Hamburg-Süd*, Hamburg. 11 251 BRT. 1946 abgeliefert. 1949 abgewrackt.
Golm	(1914) *Kriegsmarine*. 424 BRT. 1914 als Kohlentender *W 75* in Bremen gebaut. 1940 zum Transporter *Golm* für den Marineausrüstungsbetrieb Swinemünde auf der Greifenwerft umgebaut. 1971 abgewrackt.
Goya	(1941) *Kriegsmarine*. Reederei: HAPAG. 5 230 BRT. 16. 4. 1945 durch sowjetisches U-Boot *L 3* versenkt. Über 7 000 Tote.
Großer Kurfürst	Friedrich Wilhelm, Kurfürst von Brandenburg. (1620-1688). Das Denkmal des Großen Kurfürsten in Pillau wurde 1913 eingeweiht, 1943 abgebaut und abtransportiert. Nach dem Krieg in Hamburg wiedergefunden. 1955 in Eckernförde aufgestellt. Sockelinschrift: »Bis zur Heimkehr, hier aufgestellt 1955.«

Gräting	Eine Art Rost aus Holz zum Schutz gegen Wasser.
Hamburg	(1925) HAPAG, Hamburg. 22 117 BRT. 7.3. 1945 nach Minentreffer auf Saßnitz Reede gesunken. 1950 gehoben. Umbau zum Walfangmutterschiff. 1983 noch in Fahrt.
Hansa	(1923) HAPAG, Hamburg. 20 815 BRT. Ex. *Albert Ballin*. 6.3. 1945 infolge Minentreffer vor Warnemünde gesunken. 1949 gehoben. 1982 (?) abgewrackt.
Haussa	(1943) *Deutsche Afrika Linien*, Hamburg. 2 819 BRT. Am 29. April trifft der Dampfer mit Munition beladen im schwedischen Karlskrona statt in Hela ein. 150 Bordflaksoldaten lassen sich in Schweden internieren. Sie werden später an die Russen ausgeliefert.
Lappland	(1941) *Norddeutscher Lloyd*, Bremen. 7 693 BRT. 1945 abgeliefert, 1973 abgewrackt.
Lützow	(1933) *Kriegsmarine*. Schwerer Kreuzer. Ex-Panzerschiff *Deutschland*. 16.4. 1945 in Swinemünde durch Bomben schwer beschädigt. Später von der Besatzung gesprengt. Nach H.G. Prager soll die *Lützow* bei einer Schleppfahrt über See nach Rußland auf der Höhe von Kolberg gekentert sein.
Nadir	(1920) *Argo*, Bremen. Ex. *Schwalbe*. 842 BRT.
Neidenfels	(1939) *Hansa*, Bremen. 7 838 BRT. 1945 abgeliefert. Inzwischen abgewrackt.
Neptun	(1928) *Flensburger Schiffspartenvereinigung AG*, Flensburg. 1948 abgeliefert. 1951 vor Schweden gesunken.
Potsdam	(1924) *Norddeutscher Lloyd*, Bremen. 17 528 BRT. 1945 abgeliefert. 1976 abgewrackt.
Pretoria	(1936) *Deutsche Ost-Afrika-Linie*, Hamburg. 16 662 BRT. 1945 an England abgeliefert. Wohnschiff in Indonesien.
Pricke	Seezeichen. Warnende Stange mit Büschel in flachen Gewässern.
Robert Ley	(1938) *Deutsche Arbeitsfront*, Hamburg. 27 288 BRT. Nach Bombentreffer am 24.3. 1945 in Hamburg gesunken. 1947 abgewrackt.
Schlesien	(1908) *Kriegsmarine*, Linienschiff. 4.5. 1945 bei Swinemünde nach Minen- und Bombentreffer gesunken.

Seedienst Ostpreußen	Am 29. 1. 1920 nahm der »Seedienst Ostpreußen« die Schiffahrtslinie zwischen Stettin und Pillau auf. Blütezeit 1939.
Seekanal	Die ersten Bauarbeiten des Königsberger Seekanals begannen 1891. Er war 33 Kilometer lang und 1945 acht Meter tief. Er verbindet Königsberg mit Pillau.
Skirwieht	Schlepper der Königsberger Reederei G. & F. Fechter.
Sofia	(1939) *Bock, Godefroy & Co.*, Hamburg. 4450 BRT. 7.3. 1945 in Swinemünde nach Bombentreffer gesunken. 1946 als *Nadir* in Fahrt gebracht.
Steuben	(1922) *Norddeutscher Lloyd*, Bremen. 14660 BRT. 10.2.1945 durch sowjetisches U-Boot *S 13* versenkt. 3600 Tote.
Tanga	(1918) *Deutsche Afrika Linien*, Hamburg. 5722 BRT. 20.12.1944 vor Libau durch Bomben versenkt. 1946 gehoben, 1961 abgewrackt.
Tolima	Bei Lindenau, Memel, für die HAPAG gebaut, nicht abgeliefert. 1284 BRT. 12.3.1945 durch Bomben in Swinemünde versenkt. 1945 gehoben, 1973 abgewrackt.
Ubena	(1928) *Deutsche Ost-Afrika-Linie*, Hamburg. 9523 BRT. 1945 abgeliefert, 1949 abgewrackt.
Wartheland	(1943) *Andersen*, Hamburg. 5350 BRT. 1945 abgeliefert. 1970 abgewrackt.
Wilhelm Gustloff	(1938) *Deutsche Arbeitsfront*, Hamburg. 25494 BRT. Am 30.1.1945 durch sowjetisches U-Boot *S 13* versenkt. Über 5300 Tote.
Z 28	(1941) *Kriegsmarine*, Zerstörer. 6.3.1945 nach Bombentreffer auf der Reede von Saßnitz gesunken. 150 Tote.
Z 34	(1943) *Kriegsmarine*, Zerstörer. Im Mai 1945 nach Wilhelmshaven überstellt. 26.3.1946 mit Gasmunition im Skagerrak versenkt.
Z 39	(1943) *Kriegsmarine*, Zerstörer. 11.7.1943 an US-Navy übergeben. 1947 an Frankreich verkauft, 1964 abgewrackt.

Quellen

Cajus Bekker: Flucht übers Meer, Gerhard Stalling Verlag 1959

Fritz Brustat-Naval: Unternehmen Rettung, Koehlers Verlagsgesellschaft, Herford 1970

Gert Uwe Detlefsen: Flensburger Förde-Schiffe, Koehlers Verlagsgesellschaft, Herford 1977. Die Abbildung auf Seite 125 wurde diesem Buch entnommen.

Dieckert/Großmann: Der Kampf um Ostpreußen, Gräfe und Unzer Verlag, München 1965

»Die Pommersche Zeitung«, Hamburg, verschiedene Ausgaben

Hans H. Hildebrand/Albert Röhr/Hans-Otto Steinmetz: Die deutschen Kriegsschiffe, in 7 Bänden. Koehlers Verlagsgesellschaft, Herford 1979–1983

Egbert Kieser: Danziger Bucht 1945, Bechtle Verlag, München

Arnold Kludas/Herbert Bischoff: Die Schiffe der Hamburg-Amerika Linie 1847/1970. In 3 Bänden. Koehlers Verlagsgesellschaft, Herford 1980/1981

Jos. L. Meyer Papenburg 1795–1970, Firmenschrift

»Ostpreußenblatt«, Hamburg

Wolfgang Paul: Der Endkampf, Bechtle Verlag München 1976

Hans Georg Prager: Panzerschiff *Deutschland*, Schwerer Kreuzer *Lützow*, Koehlers Verlagsgesellschaft, Herford 1981

Karl Heinz Schwadtke: Deutsche Handelsschiffe 1939–1945, Gerhard Stalling Verlag 1974

Hans Jürgen Witthöft: Lexikon zur deutschen Marine-Geschichte. In 2 Bänden. Koehlers Verlagsgesellschaft, Herford 1978

Fotos: Privatarchive Heinrich Köster, Asmussen, Jos. L. Meyer, Kurt Troch, Hans Hermann Schlünz, W. Lohmann/Hans H. Hildebrand. Alma Gutow und Rolf Meinecke.

Mein besonderer Dank gilt Kapitän Heinrich Köster aus Flensburg und dem Deutschen Schiffahrtsmuseum Bremerhaven für die Überlassung der Seekarten. Sie befanden sich 1945 auf dem Minensucher *August Bröhan*. Hans Hermann Schlünz rettete sie und überließ sie dem Museum.

Passagier- und Frachtdampfer »Albatros«

Das Brückendeck wurde später verlängert
und die beiden Boote nach achtern versetzt,
um mittschiffs mehr Platz zu gewinnen.

Quelle: Werft Jos. L. Meyer, Papenburg

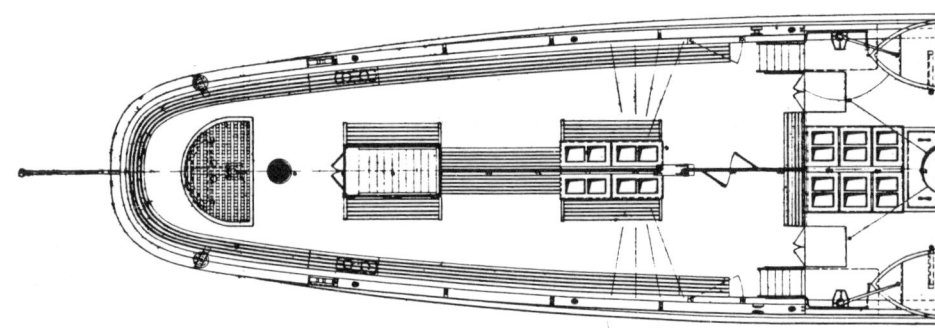

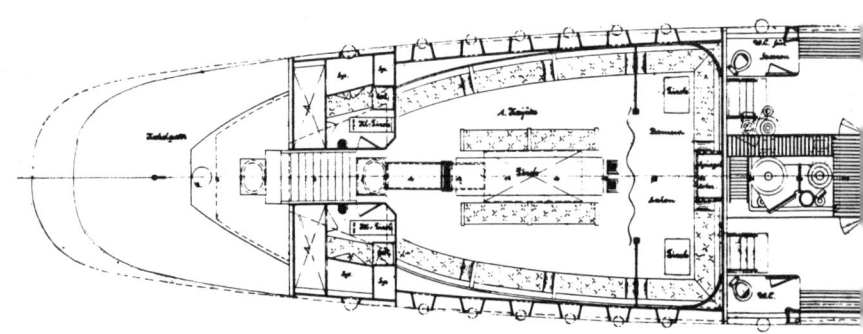